NHK実践ビジネス英語

対話力
アップ

ビジネス英語
フレーズ
800

杉田 敏
Satoshi Sugita

NHK出版

Brush Up Your Ability

英語「雑談力」を磨こう。

　本書はNHKラジオ「実践ビジネス英語」の内容をベースとしています。1987年のスタート時は「やさしいビジネス英語」というタイトルでしたが、番組が始まってから今日まで、海外出張をした時でも必ず締め切りに間に合うよう、テキスト用の原稿を東京に送っています。当初は、そのころやっと普及し始めた大きく重いワープロと変圧器、それに小型プリンターを機内持ち込み用のバッグに入れて、中国や欧米に出張していました。通信手段は主にファックスですが、当時はロールペーパーだったので、校正紙を受信すると、何メートルにも伸びたペーパーになってしまい、フロントの係員が目を丸くしながら渡してくれたのを覚えています。

　今でも校正紙のチェックはしますが、原稿の送信やその後の確認など、ほとんどすべての作業はパソコンを使っています。本当に隔世の感があります。本書に出てくる流行の表現を使えば、It was so 20th century！（155ページ）となるでしょう。現代は、常にスイッチが入っていて常時デジタルの世界とつながっているalways-on, 24/7 environment（158ページ）という環境が「新しい基準」（the new normal、195ページ）なのです。

to Make Small Talk.

　番組ではそんな時代の空気も感じていただけるように、いつもその時代を象徴する話題をテーマにしてビニェット（ミニドラマ）を作ってきました。本書に掲載した800のフレーズは主として2011～13年度の内容から抜粋し、フレーズの使い方を示す例文も、元のビニェットを下敷きにしています。したがって、これらの例文には欧米を中心とする世界で最近話題になっていた社会的・文化的なトピックがたくさんちりばめられています。フレーズだけでなく例文をまるごと覚えることで、リアルで多様な話題を英語で表現するための基礎的な力も養えます。

　ビジネスを決するには、幅広い英語の表現力が重要です。仕事の話だけではなく、政治・経済情勢から文化・社会状況に至るまで、多岐にわたる話題を英語で表現する力、いわば英語の「雑談力」です。それを獲得して総合的な「対話力」をアップさせることが、仕事における人間関係を築き上げる礎となります。本書は、そのためのお手伝いをします。大いに活用して、皆さんの表現力を磨いてください。

杉田 敏

本書のページ構成と使い方

本文ページの構成は、フレーズの理解と記憶に資するように工夫を凝らしてあります。
フレーズとその意味を理解したら、必ず例文とともに使い方を確認してください。
例文とともに理解することで、はじめてフレーズが生きたことばになります。

[左ページの柱]
章の中におけるフレーズの区分けを示してあります。フレーズを「動詞のような働きをする表現」「副詞のような働きをする表現」「完結した文または文に準じる表現」に分類し、順に掲載してあります。各区分けの中では、フレーズをアルファベット順（Word Watchは除く）に掲載しました。

[フレーズ]
全800のフレーズは、主としてNHKラジオ「実践ビジネス英語」2011〜2013年度の膨大な表現の中から厳選しました。

[フレーズの意味]
各フレーズの代表的な意味です。同じフレーズでも文脈によって意味が変わる場合がありますが、ここでは例文の文脈で使われた場合の意味を示しました。

[語注]
必要に応じて、フレーズの使い方の注意点、類似表現、例文中の単語の意味などについて説明を加えました。吹き出しには、特に詳しい解説を記してあります。

---

044 動詞のような働きをする表現

150 come down the pike
現れる、出てくる

Every time a new interactive technology or app comes down the pike, the move toward cocooning accelerates.
双方向式のテクノロジーやアプリが新たに登場するたびに、コクーニングへと向かう動きは加速します。

* app　アプリ（applicationの略。パソコンやスマートフォンなどにインストールして利用し、具体的な作業を行うためのソフトウエア）
* cocooning　コクーニング（外出や人づきあいをあまりせずに、自由な時間の多くを家で過ごす暮らし方）

> come down withは「（風邪など）にかかる」という意味。I came down with a bad cold.（ひどい風邪にかかりました）のように用いる。

151 come up with
…を思いつく、…を考え出す

The recession has forced companies to come up with new business models.
景気後退によって、企業は新しいビジネスモデルを作り出さざるをえなくなりました。

152 comport oneself
ふるまう、行動する

If you're serious about your work, you should comport yourself properly.
仕事のことを真剣に考えているのなら、きちんとしているべきです。

153 cut one's way through
…を切り開いていく

You need an experienced guide to help you cut your way through the cultural and linguistic thickets in the United States.
あなたには、アメリカで文化とことばの茂みを切り開いていくのを助けてくれる、経験豊かな助言者が必要です。

＊注意

「フレーズ」や「フレーズの意味」において、[　]は、その中の語句が直前の語句と置き換えられることを示し、（　）は、その中が補足説明であることや、その中の語句が省略される場合があることなどを示します。また、「フレーズ」の中で薄いトーンで印刷された語句は、実際の文においては具体的な人名や事物の名称、（人称）代名詞などに置き換わることを示しています。

第2章 打合せやブレーンストーミングなどの場で ● 動詞のような働きをする表現　045

154
defend oneself
自己弁護する

My natural tendency is to think about ways of <u>defending myself</u>.
私には、自己弁護する方法を考える傾向があります。

155
deter someone from
(人)に…をやめさせる [断念させる]

Culture shock has <u>deterred</u> many Americans <u>from</u> living and working in the Orient.
カルチャーショックで、多くのアメリカ人が東洋での生活や仕事を断念しています。

156
end up
結局…になる、…で終わる

> よいことにも悪いことにも使える。よい場合の例としては、She ended up becoming a billionaire.（彼女は最後には億万長者になりました）という具合。

Ted's job as a fire marshal is so stressful he may <u>end up</u> burning out.
防火管理責任者としてのテッドの仕事はあまりにストレスが多いので、彼は燃え尽きてしまうかもしれません。

～ Word Watch ～

157
come in all shapes and sizes
さまざまな種類がある [いる]、多種多様だ、多彩だ

慣用句で、下の例文では人について使われているが、Cats come in all shapes and sizes. や Warehouses come in all shapes and sizes. などと、生き物や物についても使う。

The shortlisted candidates <u>came in all shapes and sizes</u>.
最終候補者には、いろいろな人たちがいました。

* shortlist 　最終候補者に選ぶ
* candidate 　候補者、志願者、応募者

[右ページの柱]
各章のタイトルと、章の中におけるフレーズの区分けを示してあります。後者に関しては [左ページの柱] の説明を参照してください。

[ページ番号]
ページを示す数字です。

[フレーズ番号]
001から800まで、識別番号を掲載順に振ってあります。ペンなどでチェックマークをつける場合を考慮し、薄いトーンの印刷にしました。巻末の「全フレーズ・チェックリスト」および「全フレーズの日本語意味一覧」にも同じ番号を振りました。

[例文]
見出しのフレーズを使った英語の例文です。当該のフレーズには下線を引いてあります。

[例文の意味]
例文の意味を日本語で示しました。英文をきちんと理解できるように、逐語訳に近い文になっています。

[Word Watch]
「意味」や「使い方」などについて特に詳しい解説が必要なフレーズをここに挙げました。

＊その他
巻末には「全フレーズ・チェックリスト」(p.202～211) と「全フレーズの日本語意味一覧」(p.212～221) があります。前者はすべてのフレーズがアルファベット順に、後者はフレーズの意味が識別番号順に掲載されています。各フレーズをしっかり身につけるためにお役立てください。

CONTENTS

第①章 交渉や会議などの場で (007)
001 ☞ 122

be accountable for, be ahead of the curve, be (all) on the same page, be assigned to, be enrolled in, be here to stay, be immune to, be inclined to, be on guard against, be on the mend ほか

第②章 打合せやブレーンストーミングなどの場で (037)
123 ☞ 262

achieve critical mass, add up to, attend to, be all ears, be associated with, be aware of, be classified as, be convinced, be fraught with danger, be labeled as ほか

第③章 職場などの日常会話で (071)
263 ☞ 490

acclimatize oneself to, add another wrinkle, apply for, be all for, be at risk, be at someone's disposal, be attached to, be dismayed by, be distracted by ほか

第④章 アフターファイブの付き合いなどで (125)
491 ☞ 620

add one's two cents' worth, ask for trouble, be all thumbs, be at a loss, be better off, be bowled over, be captivated by, be disillusioned, be drawn to, be dying to ほか

第⑤章 オン&オフビジネス頻出名詞句 (157)
621 ☞ 800

a thing of the past, adverse effect, and whatnot, annual revenue, big shot, big-ticket item, bond and equity markets, breeding ground, carbon footprint, cardinal rule ほか

＊第1章から第4章までは、個々のフレーズを比較的使われやすい状況別に分類し、区分けしたものです。必ずしも当該のシーンだけでそのフレーズが使われるというわけではありません。
また第5章では状況とは関係なく、よく使われる名詞句だけをまとめました。

第1章
交渉や会議などの場で

001 ☞ 122

仕事をしていれば、緊張する場面があるのは当たり前。タフな相手との交渉や社長が同席する会議、あるいは電話での緊急のやり取り、新しいプロジェクトの詰めの作業など、例を挙げればキリがないでしょう。説得したり、ポイントを指摘したり、あえて譲歩したり、多様な表現を駆使して対話力を身につけたいところです。

001 be accountable for
…について説明責任がある

Tim is accountable for the mistakes in the monthly auto parts inventory.

ティムには、月々の自動車部品の在庫に関する間違いを報告する責任があります。

002 be ahead of the curve
時代を先取りしている、他に先んじている

It's a lot harder to be ahead of the curve and see what's coming down the pike before your competitors do.

時代を先取りして、生まれつつあるものをライバルたちより先に見抜くのは、ずっと難しいことです。

＊come down the pike　現れる、生まれる　▷No.150

003 be (all) on the same page
全員の意見が一致している、皆が同じ考えを持っている

Sounds like we're all on the same page here.

私たちは今、全員の意見が一致しているようですね。

004 be assigned to
…に配属される、…に任命される

She was formally assigned to the New York office.

彼女は正式にニューヨーク・オフィスに配属されました。

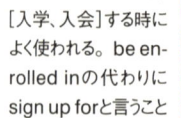

> 何かを勉強するセミナーや学校などに登録 [入学、入会] する時によく使われる。be enrolled in の代わりに sign up for と言うこともできる。

005 be enrolled in
…に登録している、…に入学 [入会] する

Just eight percent of the students at U.S. colleges are currently enrolled in foreign-language courses.

現在、アメリカの大学で外国語講座に登録している学生はたった8パーセントしかいません。

第1章 交渉や会議などの場で ● 動詞のような働きをする表現

006
be here to stay

(世の中に) 定着している

Social media is here to stay, and companies had better get with the proverbial program or be left behind.

ソーシャルメディアはもう定着していますから、企業は評判になっている物事を導入すべきで、そうしないと、置いていかれてしまいます。

* proverbial　ことわざの、評判の、よく知られた
* be left behind　置いていかれる、置き去りにされる

007
be immune to

…の影響を受けない、…を免れる

We adults aren't immune to technology's effects either.

私たち大人も、テクノロジーの影響を受けています。

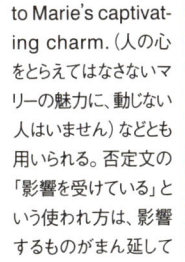

> No one is immune to Marie's captivating charm.（人の心をとらえてはなさないマリーの魅力に、動じない人はいません）などとも用いられる。否定文の「影響を受けている」という使われ方は、影響するものがまん延しているイメージ。

008
be inclined to

…したいと思う、…してもいいと思う

I'm inclined to agree with you.

私はあなたの考えに賛成したいと思います。

009
be on guard against

…に警戒 [注意] している

That's something we need to be on guard against.

それは、私たちが注意しなければならないことです。

010
be on the mend

好転している、回復している

I've been looking for signs that the economy is on the mend.

私は、景気が回復している兆しを探し続けてきました。

011 be out of hand

手に負えない、手に余る

The situation is well and truly out of hand.

本当にかなり手に余る状況です。

012 be saddled with

…を負う、…を抱える

The prospect of being saddled with debt that may take years to pay off doesn't seem to faze students.

借金をすれば返済に何年もかかるかもしれないと予想はできても、学生はそのことを恐れていないようです。

＊faze　困惑させる、おじけづかせる

> 「重荷を負っている」イメージ。借金だけではなく、仕事についても、I don't want to be saddled with work over the weekend.（週末に仕事を抱え込みたくありません）などと使う。

013 be squeezed out

廃業［中止］に追い込まれる、締め出される

Local drinking holes in Chicago like MacGuffin's are being squeezed out by economic pressures.

マクガフィンズのようなシカゴの地元の酒場は、経済的なプレッシャーで、廃業に追い込まれています。

＊drinking hole　酒場、バー

014 be up to

…の責任［義務］である

As manager of Fashion and Living, it's up to me to dress the part.

ファッション・生活担当マネジャーとして、私はそれ相応の服装をしなければなりません。

＊dress the part　役割にふさわしい服装をする

015 boil down to

結局は…である、つまり…ということになる

I guess it boils down to doing some financial planning.

結局は、何らかのファイナンシャル・プランニングを行うべき、ということになるのでしょう。

> 「煮詰まって残ったもの」、つまり「核心」になった、というイメージ。What it boils down to is where we will get the money.(要するに、そのお金をどこから手に入れるか、ということです)などと使われる。

016 boost productivity

生産性を高める

Studies have found that foods like fish, dark chocolate, nuts, seeds and raw carrots boost productivity.

複数の研究から、魚、ビターチョコレート、ナッツ、種子、生のニンジンなどの食品は生産性を高めることがわかっています。

017 bottom out

底に達する、底を打つ

Things usually get back to normal not too long after the economy bottoms out.

景気が底を打って健全なレベルに回復するまでに、普通はそんなに長くかからないものです。

> hit rock bottomは「(相場などが)底を打つ」。at rock bottom「底値で、どん底で」もよく使い、The price of the stock is at rock bottom.(その株価は最安値です)という具合に言う。

018 bounce back

立ち直る、盛り返す

The economy hasn't exactly bounced back, has it?

景気が立ち直ったとは言い難いですよね。

> recoverとも言い換えられる表現。景気の回復や、病気からの回復などによく用いられる。

019 close one's doors

店じまいする、廃業[倒産]する

Some major national bookstore chains are closing their doors for good.

大きな全国チェーンの書店の中には廃業しているところがあります。

＊for good　永遠に、ずっと

020 come to grips with

…に取り組む、…を把握する [押さえる]

You need to come to grips with that basic reality.

そうした基本的な現実は押さえておかなければなりません。

> come to grips with には「(難しいもの、受け入れがたいもの) に取り組む」といったニュアンスがある。lose one's grip は「能力 [情熱、興味など] を失う、統制力がなくなる」という意味。I lost my grip on the situation. (私は状況をコントロールできなくなりました) などと用いる。

021 cope with

…にうまく対処する

It can be hard for many seniors to cope with the responsibility of taking care of a pet.

多くの高齢者は、ペットを世話する責任を果たすのが難しい場合もあります。

022 cover all the bases

万全の準備をする、抜かりなく行う

Your report really covered all the bases.

あなたのリポートは本当に完ぺきでしたよ。

> 野球用語の「すべての塁をカバー [タッチ] する」から。touch all the bases とも言う。また、off base は「見当違いの」「(考えなどが) 間違って」「不意をつかれて」という意味。

023 crop up

(不意に) 出現する

It pays to be prepared. You never know when new problems will crop up.

準備しておいて損はありません。いつ新たな問題が生じるかは、決してわからないのです。

> 問題や困難が生じる時だけではなく、「アイデアが浮かぶ」など、さまざまな場面で使われる。

024 cut payroll

社員を減らす、人員削減をする

I wonder what effect cutting payrolls is having on productivity.

社員の削減は生産性にどんな影響を及ぼすのだろうか、と考えてしまいます。

025 deal with

(人・会社など)と取引する

You may have dealt with giant multinationals in one way or another over the years.

あなたはこれまで何年もの間、何らかの形で巨大多国籍企業とやり取りがあったかもしれませんね。

＊in one way or another　何らかの形[方法]で、あれやこれやで、さまざまな方法で
＊over the years　長年にわたって、ここ何年もの間

026 do away with

…を廃止する

There's a movement to do away with teleworking.

在宅勤務の廃止という動きがあります。

＊teleworking　コンピュータなどを利用した在宅勤務

027 draw attention to

…に(人々の)目を向けさせる、…に目[注意]を向ける

Trend spotters started drawing attention to the cocooning phenomenon back in the early '80s.

トレンドスポッターたちは、1980年代の初めにコクーニング現象に注目し始めました。

＊trend spotter　トレンドスポッター(新しい動向や流行を見抜いて紹介する人)
＊cocooning　コクーニング(外出や人づきあいをあまりせずに、自由な時間の多くを家で過ごす暮らし方)

028 expand on

…をさらに詳しく述べる[説明する]

Can you please expand on that?

それについて詳しく説明してもらえませんか。

029 figure out

…を解決する、（答えなど）を見つけ出す

We need to figure out how to reverse this alarming trend.

この憂慮すべき傾向を改善する方法を、私たちは見つけなければなりません。

* reverse　逆にする、逆転させる
* alarming　不安を抱かせる、憂慮すべき

> Go figure! は、Go figure that out!（解読してごらん！）の短縮形で、「信じられない！わけがわからない！」といった意味。あきれた時などによく使う。

030 file a claim

賠償［補償］要求を出す、被害届を出す

Tess filed a claim to protest getting three-fourths the pay for the same workload as Joe.

テスは、ジョーと同等の仕事量に対し4分の3の報酬しかもらえないことに抗議して、補償金の支払いを請求しました。

031 fill out

…に（必要事項を）記入する

I have to fill out the form.

私はその調査票に記入しなければなりません。

032 fill the bill

要求［要件］を満たす

Gloria will more than fill the bill as the new production line supervisor.

グロリアは、生産ラインの新しい監督者としては期待以上でしょう。

> fit the bill と言うことも可能。例文は人が主語だが、人だけでなく、物にも用いることができる。more than fill the bill は「要求を十二分に満たしている、望んでいる以上だ」の意味。This software more than fills the bill.（このソフトウエアは要望を十二分に満たしています）などと使う。

033 find a niche

ニッチ［市場の隙間］を見つける

Smart book retailers are realizing the key to survival in the face of the e-book and online challenge is to find a niche.

電子書籍とインターネットという難題に直面する中で生き残るための鍵は、ニッチを見つけることだ、と賢い書店は認識しつつあります。

034 gain insight into
…に対する洞察を得る、…を深く理解する、…を見抜く

Our future managers must gain insight into new and promising markets around the world.

これからの管理職は、世界中の有望な新興市場について理解を深めることが必要です。

035 get [have] a handle on
…を理解する、…を把握する

Everyone at the company has to get a handle on our social media policy.

全社員が当社のソーシャルメディアに関する方針を理解しなくてはなりません。

036 get down to brass tacks
(問題の) 核心に入る、肝心なことに触れる

To get down to brass tacks, are there specific skill areas where you think a mentor can help you?

問題の核心に入りますが、メンターに力を貸してほしいと思っている特定のスキルの分野はありますか。

☞ Word Watch ☜

037 bring someone up to speed on ▷ No.142
…についての (最新) 情報を (人) に伝える

up to speed は「十分な速度に達して」「順調に進んで」「十分情報に通じた」「時代に遅れていない」という意味のフレーズ。bring [get] someone up to speed on は「…について必要な情報を (人) に与える」「…の状況を (人) に飲み込ませる」ということ。「(会議などの前に) 急いで…の予備知識を (人) に与える」という意味でも使う。

Can you please bring me up to speed on our new business prospects?

新規事業の見込みに関する情報を教えてもらえませんか。

038 get into a negative rut
悪い状況にはまり込む、悪循環に陥る

They can get into a really negative rut.

彼らは、ひどい悪循環に陥ってしまうかもしれません。

039 get mixed reactions
賛否両論の反応を得る

His grandstanding got mixed reactions.

彼のスタンドプレーには、賛否両論の反応がありました。

040 get someone's message across
(人)のメッセージを伝える、(人)の考えを理解させる

Face-to-face contact will help get the company's message across most effectively.

実際に顔を合わせてのやり取りが、企業のメッセージを伝えるのには最も効果的です。

041 get things under way
物事を進行させる

We look forward to working with you as we get things under way here.

あなたとここで一緒に業務を始めていくのが楽しみです。

042 give rise to
…を引き起こす、…を生じさせる

The opening up of the labor force to women in the 1970s helped give rise to a new life stage of independent living.

1970年代に労働市場が女性に開放されると、自立した生活を送るという、新たなライフステージが生まれたのです。

043
give someone pointers
(人)に助言[アドバイス]を与える

We thought you might be able to give us some pointers.

あなたからアドバイスをしてもらえるのではないか、と私たちは思ったのです。

> ここでのpointersはadviceと言い換えられる。

044
go against
…に反する、…に逆らう

This new sharing paradigm seems to go against the deeply rooted American value of ownership.

共有というこの新しい概念は、アメリカに深く根づいてきた、所有を重視する価値観に反するように思えます。

045
go all out to
…するために全力を尽くす

We have to go all out to ensure speedy order fulfillment.

注文には必ず迅速に対応するよう、私たちは全力を尽くさなければなりません。

046
go with the flow
流れ[時流]に従う

Age is less important than the willingness of an employee to go with the flow and embrace change instead of resisting it.

社員の年齢というのは、時の流れに従い、抵抗することなく変化を受け入れる、前向きな気持ちほどは重要ではありません。

047
have a firsthand look at
…を直接見る、…をこの目で見る

I've had a firsthand look at how the brand ambassador idea works in practice.

私は、ブランド・アンバサダーという考え方が実際にどう機能しているのかを、この目で見てきました。

＊in practice 実際に、実際のところ

048 have a lot to answer for
…について大いに責任がある

The education system really has a lot to answer for when it comes to instilling basic language skills.

基本的な言語力を身につけさせるという点では、教育システムにこそ大きな責任があります。

＊instill 教え込む、植えつける、身につけさせる

049 hit a target
目標を達成する

One of the reasons we like having you as a boss is that you're not focused only on hitting targets.

あなたが上司でよかった、と私たちが思う理由の一つは、あなたが、目標を達成することだけに全力を傾けているわけではないことです。

050 hit the nail (right) on the head
的を射たことを言う、図星である、核心を突く

You hit the nail right on the head.

まさにおっしゃるとおりです。

051 incorporate something into
（物）を…に取り入れる

The survey results can be incorporated into a broader work review.

調査結果が全般的な勤務評定に取り入れられることもあります。

＊work review 勤務評定

052 keep an eye on

…を見張る、…を見守る

You've got to keep an eye on changing market conditions.

市場の状況の変化に目を光らせなければなりません。

> keep an eye out for（…に注意する、…を目を皿のようにして探す）という表現もある。これはたとえば、誰かに「セラミック製のまな板を見つけたら教えてね」と頼む場面などでも、Keep an eye out for a ceramic cutting board.（セラミック製のまな板に目を光らせていて）という具合に使われる。

053 keep [stay] on top of

…を把握し続ける、…に通じている

We need to keep on top of the latest trends among the under-25 set.

私たちは、25歳未満の人たちの最新トレンドを把握し続けなければなりません。

＊under-25 set　25歳未満の人たち

☞ Word Watch ☜

054 burn (one's) bridges

元に戻れない状況を作る、背水の陣を敷く

Don't burn your bridges behind you. は、「退却の道を断つな」ということ。転職に際しては、「それまで在籍した会社やそこでの同僚と再びどこで接点ができるかわからないので、けんか別れをして飛び出すな」という意味で使う。一方、burn (one's) bridges は「引き返せなくなるようなところへ自分を追い込む」ということ。

There are intelligent ways of leaving your company that don't involve burning bridges.

完全に縁を切らずに会社を辞める、賢い方法があります。

055 hit a brick wall

壁に突き当たる、停滞する

「(試みなどが) レンガの壁に突き当たる」という比喩は、「前進を阻まれる」「どうしてもうまくいかない」の意味で使われる。knock [bang, hit] one's head against a brick wall は「歯の立たないようなことをする」「無駄骨を折る」ということ。

Now I feel like I've hit a brick wall.

今、私は壁に突き当たったような気がするのです。

056 keep someone afloat

(人・企業など) を (経済的に) 持ちこたえさせる、…を破産 [破綻] させない

It's important to help keep smaller online retailers afloat.

小さなオンライン小売業者がやっていけるよう、力になることが重要です。

057 keep track of ▷ No.355

…を追跡する、…を把握し続ける

We need a wall chart to keep track of our sales performance.

私たちの販売実績の動きを把握し続けるために、壁にグラフを掲示する必要があります。

058 lay down the law

命令的に言い渡す

I will lay down the law and tell them to stay home until the virus is completely out of their system.

彼らには、ウイルスが体から完全に抜けるまでは家にいるように厳命します。

＊out of one's [someone's] system　(人)の体から取り除かれて

059 learn a lesson

教訓を得る

You can learn a positive lesson from a negative experience.

まずい経験からよい教訓が得られるものです。

teach someone a lessonは「(人)を懲らしめる、(人)に思い知らせる」の意味。I had to teach him a lesson about responsibility.と言えば、「私は彼に、責任について思い知らせなくてはなりませんでした」ということ。

060 let go ▷ No.789

…を解雇する

He's starting to get hints that he might be let go if his sales volume doesn't pick up.

自分の売上高が伸びなければ解雇されるかもしれないことに、彼は気づき始めています。

061 look after

…の面倒を見る、…に責任を持つ、…を担当する

He will look after promoting our beauty business.

彼は、当社の美容事業のプロモーションを担当することになります。

062 look into

…を調べる、…を検討する

I'll look into the data.

そのデータを検討してみます。

✒ Word Watch ✒

063 make an offer

(職の)オファーをする

アメリカの企業では一般に、採用が決定すると、企業あるいは部門の長が署名した正式な offer letter を求職者に出す。その中には、給与額などを含めた諸条件、配属部署、肩書および入社日などが明記される。

We feel this candidate is suited for the job and we're considering making an offer.

私たちはこの応募者には仕事への適性があるという感触を得て、採用を考えています。

＊candidate　候補者、志願者、応募者

064 set the world on fire

大成功を収める、有名になる

「世界を火事にする」から「世間をあっと言わせる（ようなことをする）」の意。「大成功を収める」「華々しく名を上げる」「目覚ましいことをする」といった広い意味で用いる。イギリス英語では the world の代わりに the Thames（テムズ川）とも言う。

I was eager to set the world on fire with my technical skills.

私は、自分の専門技術を生かして大成功するのだと張り切っていました。

＊be eager to　…しようと張り切っている、しきりに…したがっている

065 meet someone's expectations
(人)の期待に沿う[応える]

I hope I can meet everyone's expectations in that regard.

その点で皆さんの期待に沿いたいと思っています。

＊in that regard　その点では

066 opt to
…するほうを選ぶ

Many diversified companies have opted to go the spinoff route.

多くの多角化した企業がスピンオフの道を選んでいます。

067 pick up steam
勢いづく、活発になる、加速する

Now that the economic recovery appears to be picking up steam, hiring is expected to increase.

景気の回復が加速しているようなので、雇用の増加が見込まれています。

068 propel something forward
…を推進する、…を前進させる

Latching onto these fundamental shifts can propel an entire brand strategy forward.

こうした根本的な変化をつかめれば、ブランド戦略全体を促進できるのです。

＊latch onto　…をつかむ、…を取り入れる、…を自分のものにする、…を理解する、(流行など)に飛びつく　▷No.352

069 put a premium on
…を重要視する

We put a premium on prompt customer service with a friendly smile.

わが社では、迅速な顧客サービスを親しみのある笑顔で行うことを重要視しています。

070 put the shoe on the other foot

▷ No.436

立場を逆にする

Let's put the shoe on the other foot for a bit.

ここでちょっと、もう一方の立場について考えてみましょう。

> The shoe is on the other foot.(状況[立場]が逆転している)という表現もある。たとえば、与野党が逆転した時などにはぴったりの言い回しだ。

071 resolve to

…することに決める

I resolved to have a different outlook on what was happening.

私は、現状に対する見方を変えようと決心しました。

072 see the big picture

全体像を見る、大局をとらえる

Another key part of the managerial skill set is the ability to see the big picture.

管理職のスキルでもう一つ重要なのは、全体像を見られる能力です。

> 形容詞 big-picture は「大局的な、総括的な、長期的な」という意味。We need big-picture thinking.(大局的に考えることが必要です)などのように使う。

073 set a time frame for

…に期限を定める

Set a time frame for accomplishing your goals.

目標の達成に期限を定めなさい。

☞ Word Watch ☜

074 rest on one's laurels

現在の成功[栄誉]に満足する

laurel は「月桂樹」のことだが、その小枝で作った「月桂冠」(laurels)を古代ギリシャの競技会で勝者に与えて名誉を讃えたことから、laurels は「優れた業績や成功」「勝利・平和また文学・芸術の象徴」の意になった。rest on one's laurels は、「月桂冠の上に休む」から、「業績[名声など]の上にあぐらをかく」という意味。

You're not one to rest on your laurels.

あなたは、成功してそこで満足してしまうような人ではありません。

075 set the standards for
…の基準を設ける [作る]

The companies that are growing and setting the standards for their industries are those with happy workers, on-the-ball executives and sound fiscal management.

成長を続け、その業界の基準を作っている企業というのは、幸福な従業員と有能なエグゼクティブがいて、健全な財務運営がなされている企業なのです。

＊on-the-ball　頭の切れる、鋭い、有能な
＊sound fiscal management　健全な財務運営

076 shift into high gear
スピードを上げる、本格化する、軌道に乗る

We need to shift into high gear to get these shipments out by noon.

昼までにこれらの発送を完了するためには、仕事のスピードを上げる必要があります。

077 shut down
…を閉鎖する、…の営業 [操業] をやめる

The U.S. Postal Service is shutting down post offices all over the country.

アメリカ郵政公社は、国の至る所で郵便局を閉鎖しています。

078 sit in
参加する、傍聴する、聴講する、話を聞く

I'd like you to sit in while he gives us the lowdown, if you don't mind.

よろしければ、彼の報告の場に、あなたも同席してほしいのですが。

079 slash costs

コストを（大幅に）削減する

Companies that slash costs typically pass some of those savings to employees in the form of higher pay, or to customers through lower prices.

コストを削減している企業は、たいていの場合、節約したコストの一部を、社員に昇給の形で還元したり、顧客に価格の引き下げを通して還元したりしています。

> 斜線の「／」のマークをslashと呼ぶが、動詞のslashは「（ナイフや剣などで）深く切りつける」という意味。slash pricesは「大幅に値段を下げる」。

080 snare the best deal

最良の取引をものにする、最も得な買い物をする

Younger people are especially active in using online shopping and mobile devices to snare the best deals.

若者たちは特に、いちばんお得な買い物をしようと、オンラインショッピングやモバイル機器を積極的に利用しています。

081 steer clear of

…を避ける

What exactly does the troubleshooting guide say about how to steer clear of a lawsuit in a situation like that?

こうした状況で訴訟を避ける方法について、トラブル解決ガイドには具体的にどんなことが書かれているのですか。

082 step into the breach

代理を務める、急場を助ける

The company asked him to step into the breach.

会社は彼に急きょ救いを求めました。

083 stretch oneself too thin
手を広げ過ぎる

You can stretch yourself too thin. You'd better not bite off more than you can chew, as they say.

手を広げ過ぎてしまいかねません。よく言われるように、手に余るような仕事はやろうとするなということです。

＊Don't bite off more than you can chew.　消化できないような量の物事を引き受けるな。(「かみこなせる以上のものをかみ切るな」から)

084 strike an emotional chord
心の琴線に触れる、心に訴える

Year-end gifts can strike an emotional chord with recipients.

年末の贈り物で、それを受け取る人たちの心に訴えることができます。

085 strike the right balance between
…の間のちょうどよいバランスを取る

strike a balanceは「バランスを取る、うまく両立させる」という意味の決まり文句。

I'm a firm believer in striking the right balance between theory and practice.

私は、理論と実践の適切なバランスを取ることが大切だと固く信じています。

＊theory and practice　理論と実践

086 sum up
まとめる、総括する

I'll try to sum up the discussion in a few short sentences.

その話し合いを、手短にまとめましょう。

087 take something in one's stride

…に冷静に対処する

You need to be able to take screw-ups in your stride.

失敗に、冷静に対処できるようにならないといけません。

088 take something to heart

…を真剣に受け止める、…を肝に銘じる

I'll take what you've said to heart.

あなたがおっしゃったことを肝に銘じておきます。

089 think highly of

…を高く評価する

People think highly of Roger for his ability to write concise, to-the-point reports.

ロジャーは、簡潔で的を射た報告書を書く才能で、高く評価されています。

☞ Word Watch ☜

090 toss ideas around

アイデアをあれこれ検討する

アイデアをいろいろな角度から論じることで、アイデアに対する反応をテストされる人（たち）は、sounding boardと呼ぶ。もともとは「（楽器の）共鳴板」の意。

Some hip companies have coffee and snack bar spaces where workers can get together and toss ideas around.

先端を行く会社の中には、喫茶と軽食のカウンターを設けて、社員たちが集まってアイデアをあれこれ検討できるようにしているところもあります。

＊hip　流行の先端を行く、進んでいる

091 translate something into action
…を行動に移す、…を実践する

What should a company do to translate its CSR philosophy into action?

CSRの理念を行動に移す方法として、企業は何をすべきでしょうか。

092 weigh in
議論に加わる、割って入る

Mind if I weigh in here?

皆さんの議論に加わってもいいでしょうか。

> Let me weigh in.（〔意見などを〕私に言わせて）は、Let me give my two cents' worth.（▷No.491）と言い換えることもできる。ただし、Let me weigh in. のほうが、重要なことを言うニュアンスになる。

093 work out
うまくいく、…という結果になる

If Plan A doesn't work out, let's try Plan B.

A案がうまくいかなければ、B案でいきましょう。

094 at the risk of over-generalizing
一般化しすぎかもしれないが、あまりに大ざっぱな一般論かもしれないが

At the risk of over-generalizing, I think that in most cases the pluses of pet ownership for kids outweigh the negatives.

一般論にすぎるかもしれませんが、たいていの場合、子供のためにペットを飼うことのプラス面は、マイナス面より多いと思います。

095 by leaps and bounds
飛躍的に、とんとん拍子に

Technology has advanced by leaps and bounds.

テクノロジーは飛躍的に進歩しました。

096 for that matter
（それについて）さらに言えば

In the small village where I lived, no one spoke English — or Japanese, for that matter.

私が暮らした小さな村では、英語を話す人がいませんでしたし、さらに言えば日本語を話す人もいませんでした。

097 in line with
…に合致して、…に応じて

Gross revenue for this quarter is in line with our forecast.

今四半期の総収益は我々の予測と一致しています。

> 「そちらの予算に応じて」と言いたい時には、in line with your budget... などの言い回しが使える。

098 in one's [someone's] book
（人）が思うには、（人）の意見では

In my book, a mediocre manager is no manager at all.

私が思うに、凡庸な管理職は管理職とはいえません。

＊mediocre　凡庸な、平凡な、並の

> in one's [someone's] opinionと言い換えることもできる。in my book は if you ask me に置き換えて、If you ask me, that's a bad idea.（私に言わせれば、それはだめなアイデアです）などと言うことも可能。

099 in one's capacity as

…の立場 [資格] で、…として

I work with Kay in my capacity as the company's mentor coordinator.

私は会社のメンター・コーディネーターとして、ケイとともに仕事をしています。

100 in preparation for

…に備えて、…に向けて

The first step is to fill out the mentor request form in preparation for the initial meeting.

まずは、メンターに初めて会うのに備えて、メンター申請書に必要事項を記入することです。

101 in the end

最後に、結局 (は)

Blaine's risky strategies paid off in the end with profit margins double what they'd been the previous year.

ブレーンのリスキーな戦略が最終的には功を奏して、利益幅が前年比で倍増しました。

102 in the forefront of

…の最前線にあって

George is in the forefront of the movement to dress well in the office.

ジョージは、職場できちんとした服装をしようという運動の先頭に立っています。

> ofのあとに、さまざまなことばを続けることができる。たとえば That company was in the forefront of the IT revolution. (あの会社はIT革命の最前線にいました) という具合。

103 judging by

…から判断すると

Judging by the quarterly figures, consumer spending seems to be on the rise.

四半期ごとの数字から判断すると、消費者支出は増加傾向にあるようです。

104 on a shrinking budget

より少ない予算で

We're asking our suppliers to deliver more on a shrinking budget.

私たちは納入会社に、より少ない予算でもっと多くの実績を上げるよう、要求しています。

> shrinkingは形容詞で、「縮む、減少する」という意味。shrinking population of Japan（減少をたどる日本の人口）、shrinking glaciers in the Arctic（減り続ける北極圏の氷河）などと用いられる。

105 on second thought

よく考えてみて、考え直した結果

On second thought, Caroline decided she really didn't want a promotion into the ranks of management.

考え直した結果、キャロラインは、自分は管理職への昇進をまったく望んでいないと確信しました。

> 「そういえば」「考えてみると」はcome to think of it（▷No.236）と言う。「深く考えてみると」はafter careful considerationで、I decided to take the job after careful consideration.（慎重に考えた末に、私はその仕事を引き受けることにしました）などと使われる。

☞ Word Watch ☜

106 in my humble opinion

私見［卑見］によれば、私に言わせていただければ

textese（携帯メールやインターネット通信などで使う略語やスラング）ではIMHOと略す。そのほかに、よく使われる略語には、BTW (by the way), IRL (in real life), LMK (let me know), TTYL (talk to you later), TMI (too much information)などがある。

In my humble opinion, many problems in the office nowadays stem from our fraught relationship with technology.

私の意見ですが、最近の職場で見られる多くの問題は、私たちとテクノロジーとの、ストレスの多い関係に根ざしています。

＊stem from　…から生じる、…に由来する、…に根ざす
＊fraught　不安な、緊張した、ストレスの多い

107 on the downside

マイナス面は、欠点は

On the downside, the move to rental is causing a lot of concern among retailers.

マイナス面は、レンタルへの移行によって、小売業者の間に大きな懸念が生まれていることです。

108 on the premise that

…という前提で

Based on the premise that there are no born leaders, managers expect to learn the art of leadership at the corporate university.

生まれながらのリーダーはいないという前提で、管理職の人たちは企業内研修所でリーダーシップの技術を学ぶことを期待しています。

109 speaking of

…といえば

Speaking of written reports, interns learn how to write logical, well-crafted letters and reports.

報告書といえば、インターンは論理的で上手な手紙や報告書の書き方を学びます。

＊well-crafted　上手に作成された、うまく作られた

110 to be realistic

現実的に言えば、現実問題として

To be realistic, I know I'll never be able to completely eliminate my Japanese accent.

現実問題として、自分の日本語のなまりをすっかりなくすのは絶対に無理です。

⑪ to name just a few

少しだけ例を挙げれば

I feel uncomfortable about assessing him in terms of his leadership qualities, capacity for teamwork and professionalism, to name just a few items on the list.

少しだけ例を挙げるなら、指導力やチームワークの能力、プロ意識について彼を評価するのは、気が引けます。

⑫ when it comes to

…ということになれば、…に関して言えば

Producers and consumers seldom see eye to eye when it comes to fair pricing.

生産者と消費者は、適正な価格設定についてとなると、めったに見解が一致しません。

＊see eye to eye　意見が一致する

> toのあとに動名詞を続けて、When it comes to getting the best price, that website is the place to go.（いちばん安い値段を知るとなったら、あのサイトを見ます）などと使うこともよくある。

Word Watch

⑬ the thing is

実は、大切なのは、要は

要点や特に強調したいポイントを、続いて述べる場合に使う。the problem [question] is は「問題点」を指摘する時の表現。

The thing is, I'm a bit busy working on a presentation I have to give tomorrow.

実は、明日行わなければならないプレゼンテーションの準備で、私はちょっと忙しいのです。

114 Don't get personal. ▷ No.225

個人攻撃をするな。

Don't get personal, no matter how upset you may be.

どんなに不快に思っていても、個人攻撃をしてはいけません。

＊no matter how　どんなに…であろうとも

115 Please accept my apologies.

謝罪を受け入れてください。　申し訳ございません。

Please accept my apologies. I hope my silly joke didn't upset you too much.

申し訳ございませんでした。私のばかばかしいジョークに、あまり気を悪くされてなければいいのですが。

> 謝罪の気持ちをさらに深く表すには、Please accept my sincere apologies.のように、sincereを加えたりする。こう謝ったあとに、This shouldn't have happened.（あってはならないことでした）といったひと言がくることが少なくない。

116 that's what I call

それこそまさに…だ

Now that's what I call an original idea.

いやあ、それはまさに独創的なアイデアですね。

117 the jury is still out on

…についてはまだ結論が出ていない

The jury is still out on this question, apparently.

この問題に関しては、まだ結論が出ていないようです。

> 「陪審員（the jury）はまだ外で協議中です」というところから、一般的に「まだ問題の結論［判断結果］は出ていません」「そのことはまだわかりません」の意。

118 the time is ripe to

…するのに機は熟した、…してもいいころだ

He feels the time is ripe to adopt a more aggressive, forward-looking business strategy.

より積極的で前向きなビジネス戦略を採ってもいいころだと、彼は感じています。

119 the trend is toward

…の傾向にある

The trend is toward late marriage these days. Many of the parents at the PTA meeting yesterday were older than me.

最近、晩婚化の傾向があります。昨日のPTAの集まりでも、親の多くが私より年上でした。

> towardのあとに動名詞を続け、The trend is toward eating organic foods.（オーガニック食品を食べる傾向にあります）などと使うことができる。

120 there is a lot to be said for

…には利点がたくさんある

There is a lot to be said for being cheerful and optimistic.

明るく楽天的でいることには、よい点がたくさんあります。

> There is something to be said for that proposal.なら「その提案には一理あります」、There is little to be said for that proposal.なら「その提案には利点がほとんどありません」となり、There is nothing to be said for that proposal.なら「その提案は論外です」ということ。

121 What's next on your agenda?

次の予定は何ですか。

So you took part in the company's corporate volunteer program in Shanghai. What's next on your agenda?

つまり上海で企業ボランティアプログラムに参加したのですね。このあとの予定はどうなっているのですか。

☞ Word Watch ☜

122 what's in it for

…にとってどんな利点［利益］があるのか

経営者が新しい方針などを発表する時には、従業員がWIIFMと考えることを予測しなければいけない、とよく言われる。WIIFMはWhat's in it for me?の略で、「それで何かこちらにとって利益になることがあるのだろうか」という意味。

What's in it for him, besides feeling good about helping disoriented rookies?

彼にとって、まごついている新入社員たちの力になれてうれしいと思うこと以外に、どのような利点がありますか。

＊disoriented　混乱した、まごついている

第 2 章

打合せや
ブレーンストーミング
などの場で

123 ☞ 262

> 仕事には「対話」が欠かせません。打合せで情報を共有したり、お互いの理解を深めたり、自由な意見交換でアイデアを出し合ったり、相手との間にできた認識の溝を埋めたり。仕事は「対話」で進むと言っても過言ではないほど。ここでは主に、そんな場面で交わされそうなフレーズを取り上げます。

123 achieve critical mass

臨界量［点］に達する、（あることを行うのに）必要な量に達する

Their anger has achieved critical mass.

彼らの怒りは頂点に達しました。

124 add up to

（合計が）…になる、（結局は）…をもたらす

Here in the U.S., tipping adds up to quite a chunk of change.

ここアメリカでは、チップを合計するとかなりの額になります。

＊quite a chunk of change　かなりの大金［金額］

125 attend to

…を処理する、…を片づける

Now if you'll excuse me, I've got a mountain of work to attend to!

では、そろそろ失礼します、やるべき仕事が山ほどありますので。

> deal withと言い換えることも可能だ。ただし、attend toのほうがdeal withよりもていねいに対応［対処］する印象を与える。例文では、「処理する」対象は「物・事柄」だが、You attend to him while I open the AED box.（私がAEDの箱を開けている間、彼を見ていて）など、attend toのあとに「人」がくることもある。

126 be all ears

熱心に耳を傾けている

Go on. I'm all ears.

続けてください。しっかり聞いていますから。

127 be associated with

…を連想させる、…と結び付けられる

Voluntourism is usually associated with more exotic locales in far-flung parts of the world.

ボランツーリズムというと、普通、遠く離れた地域の、もっと異国的な場所を連想します。

*voluntourism　ボランツーリズム（volunteeringとtourismの合成語で2005年ごろから使われるようになってきた。当初は大学生などが休みの期間中ボランティア活動をするために旅行することを指したのだが、最近は企業の経営者や従業員が参加することも多くなった）
*exotic locale　異国的な場所、エキゾチックな所

128 be aware of

…を知っている、…について承知している

Jim just wasn't aware of all the pitfalls one encounters when buying property.

ジムは、不動産を買う際に陥りやすい過ちをよくわかっていませんでした。

129 be classified as

…に分類されている

One-third of Americans are classified as obese.

アメリカ人の3分の1が肥満だとされています。

130 be convinced

確信する

Seth wasn't convinced that downsizing was the only way to turn the company around.

セスは、人員削減が会社を再建する唯一の方法だとは思えませんでした。

*turn around　…を立て直す、…を好転させる

131 be fraught with danger
危険をはらんでいる、非常に危険である

That kind of miscommunication is fraught with danger.
そのようなミスコミュニケーションは非常に危険です。

132 be labeled as
…というレッテルを貼られる、…と呼ばれる

I don't want to be labeled as a chronic complainer.
私は、年中不平を言っている人というレッテルを貼られたくはありません。

133 be more of
どちらかといえば…である、むしろ…である

I'm more of an evening person myself.
私自身は、どちらかといえば夜型人間です。

134 be on a steep learning curve
急ピッチで学習する

I guess we have to be on a steep learning curve.
私たちは、短期間に多くのことを学ばなければならないようです。

135 be on everyone's lips
だれもが口にする、みんなが興味を持っている、人口に膾炙する

The big scandal seems to be on everyone's lips.
その一大スキャンダルは、みんなの口に上っているようです。

> on trackは「(話などが)本題からそれずに」の意味でよく使われる。反対に、We are off track.は「話が脱線しています」ということ。We have gotten off track. Let's get back on track. (話が横道にそれてしまいました。本題に戻りましょう)といった具合。

136 be on someone's side

(人)の味方である、(人)に賛成している

They say we have to work physical activity into daily life. I'm on their side.

彼らは、運動を日常生活に取り入れるべきだと言います。私は彼らの意見に賛成です。

137 be on track

軌道に乗っている、順調に進んでいる

It looks like the founder of the company is on track to make his centennial.

その会社の創業者は100歳に向かって、順調に歩んでいるようですね。

＊make one's centennial 100歳になる

📎 Word Watch

138 be in the same boat

同じ境遇にある、運命を共にしている

「同じ船に乗っている」というところからの比喩。同じくboatを使った rock the boat (▷ No.211) は「船を揺らす」から「平静な状態をかき乱す」「波風を立てる」、miss the boat [bus] は「船[バス]に乗り遅れる」から「好機を逸する」「しくじる」、burn one's boats は「船を焼く」から「後戻りできない状況を自ら作る」「不退転の決意をする」という意味で、いずれも口語のイディオム。

We're all in the same boat, since none of us have worked together as one team before.

私たちはみんな、今まで1つのチームで一緒に働いたことがないので、全員が同じ立場です。

139 be tempted to

…したくなる

tempt は「(無分別なこと・悪いこと・快楽に) 誘い込む [誘惑する]」といった意味の動詞。tempt fate という成句は「運命に逆らう」「命知らずの危険を冒す」ということ。Don't tempt fate! は「むちゃはやめなさい」という意味に使う。

I'm tempted to buy a book on positive thinking and leave it on his desk.

私はプラス思考に関する本を買って、彼のデスクに置いておきたいくらいです。

140 be under tremendous pressure
大変な重圧 [圧力] をかけられている

Quite a few banks are under tremendous pressure to write off bad loans.

かなりの数の銀行が、不良債権処理を強く迫られています。

141 be up to snuff
一定の水準に達している、まずまずの出来である

The company accepts sophomores as interns if they're up to snuff.

基準を満たしている人物であれば、当社は大学2年生をインターンとして受け入れています。

142 be up to speed ▷ No.037
精通している、(事情を) よく知っている

We're all up to speed on the rationale for the spinoff.

私たちは皆、今回のスピンオフの趣旨はよくわかっています。

143 bear the burden
負担を引き受ける

By leasing, you can enjoy the benefits of a private car without having to bear the burdens that come with ownership.

リースにすれば、所有に伴う負担を強いられることなく、自家用車の利点を享受できるのです。

144 break the ice
(話などの) 口火を切る、糸口を見つける、緊張をほぐす、場を和ませる

Small talk is useful in breaking the ice when people who don't know each other need a conversational opening.

面識のない人同士が会話のきっかけがほしい時には、雑談が糸口になります。

⑭⑤ bring something to the table
貢献できるものを提供する、会議で提案する

Everyone needs to bring something to the table.

だれもが、自ら何か提供する必要があります。

⑭⑥ bring up
(話題など)を持ち出す

I have a silly question I've been wanting to ask but never had a chance to bring up.

くだらない質問があります。聞きたいとずっと思っていましたが、切り出す機会がなかったのです。

⑭⑦ carry one's share of the load
(共同でやる仕事で)自分の分担を負う

I like to work hard and carry my share of the collective load.

一生懸命働き、みんなで取り組んでいる仕事に関して、自分の分担をこなしたいと思います。

⑭⑧ carve out
(苦労して)…を手に入れる[作り出す]

> carveは「彫る、彫刻する」の意味。carve outには「努力して(硬いもの)を彫って手に入れる」「(容易には手に入らないもの)を努力して得る」というイメージがある。

You should try to carve out some nap time if you need it.

必要であれば、昼寝の時間を作るようにしましょう。

◆ Word Watch ◆

⑭⑨ be on the same wavelength
同じ考え方である、波長が合っている

wavelength(波長)とは「波の山から次の山、または谷から次の谷までの距離」のことだが、「互いの気持ちや意思などの通じ具合」も意味する。be on the same wavelengthといえば、「(好みや趣味、意見などを同じくするので)お互いにわかり合えている」ということ。

I want to be on the same wavelength as management at the company.

その会社の経営陣と考え方を共有したいと、私は思います。

150 come down the pike

現れる、出てくる

Every time a new interactive technology or app comes down the pike, the move toward cocooning accelerates.

双方向式のテクノロジーやアプリが新たに登場するたびに、コクーニングへと向かう動きは加速します。

* app　アプリ（applicationの略。パソコンやスマートフォンなどにインストールして利用し、具体的な作業を行うためのソフトウエア）
* cocooning　コクーニング（外出や人づきあいをあまりせずに、自由な時間の多くを家で過ごす暮らし方）

151 come up with

…を思いつく、…を考え出す

The recession has forced companies to come up with new business models.

景気後退によって、企業は新しいビジネスモデルを作り出さざるをえなくなりました。

> come down with は「(風邪など)にかかる」という意味。I came down with a bad cold.（ひどい風邪にかかりました）のように用いる。

152 comport oneself

ふるまう、行動する

If you're serious about your work, you should comport yourself properly.

仕事のことを真剣に考えているのなら、きちんとしているべきです。

153 cut one's way through

…を切り開いていく

You need an experienced guide to help you cut your way through the cultural and linguistic thickets in the United States.

あなたには、アメリカで文化とことばの茂みを切り開いていくのを助けてくれる、経験豊かな助言者が必要です。

154 defend oneself

自己弁護する

My natural tendency is to think about ways of defending myself.

私には、自己弁護する方法を考える傾向があります。

155 deter someone from

（人）に…をやめさせる [断念させる]

Culture shock has deterred many Americans from living and working in the Orient.

カルチャーショックで、多くのアメリカ人が東洋での生活や仕事を断念しています。

156 end up

結局…になる、…で終わる

Ted's job as a fire marshal is so stressful he may end up burning out.

防火管理責任者としてのテッドの仕事はあまりにストレスが多いので、彼は燃え尽きてしまうかもしれません。

> よいことにも悪いことにも使える。よい場合の例としては、She ended up becoming a billionaire.（彼女は最後には億万長者になりました）という具合。

Word Watch

157 come in all shapes and sizes

さまざまな種類がある[いる]、多種多様だ、多彩だ

慣用句で、下の例文では人について使われているが、Cats come in all shapes and sizes. や Warehouses come in all shapes and sizes. などと、生き物や物についても使う。

The shortlisted candidates came in all shapes and sizes.

最終候補者には、いろいろな人たちがいました。

* shortlist　最終候補者に選ぶ
* candidate　候補者、志願者、応募者

> faceのほかにfightも使う。戦いの際に、丘の上に陣取れば見通しもよく、守りも容易だが、反対に丘に攻め上るのは戦う側にとっては不利だ。そこから「上り坂の戦い」は、「困難な戦い」を意味するようになった。

158 face an uphill battle

苦しい闘いに直面する

Women with the ambition to become a corporate executive faced an uphill battle.

会社の幹部社員になろうという野心を持った女性は、苦しい闘いに直面したものです。

159 fall back upon

…に頼る、…を当てにする

Everyone, no matter what their age, should have a Plan B to fall back upon.

年齢にかかわらずだれもが、頼りにできるB案を持つべきです。

160 fall out of use

廃れる、使われなくなる

The word "gotten" fell out of use in Britain some time ago.

gottenということばは、イギリスではだいぶ前に廃れました。

161 fire away

(命令形で、相手の質問を促して) どうぞ (聞いてください)

If you have any questions, fire away.

何か質問があれば、どうぞ聞いてください。

162 gain a new perspective on

…に対する新たな視点 [見方] を得る

Drinking coffee helps me clear my head and gain a new perspective on what I've been working on.

私の場合、コーヒーを飲むと、頭がすっきりして、新たな視点から仕事を見られるようになります。

163 get by

何とかやっていく、(言語・学科などが) そこそこできる

Something like a quarter of the world's population can get by in English to a certain extent.

世界の人口のほぼ4分の1は、ある程度英語ができます。

> 「ぎりぎりで、どうにかやっていく」というニュアンスの表現。たとえば、日本語があまり話せないのに一人で日本国内を旅した外国人なら、I somehow was able to get by on my limited Japanese.(少しの日本語でなんとかやっていけたよ)と言うかもしれない。

164 get called on the carpet

呼びつけられて叱責される

I became afraid to show any initiative for fear of getting called on the carpet.

私は、呼びつけられて叱責されることを恐れて、イニシアチブを発揮するのをためらうようになりました。

165 get firing on all cylinders

エンジンをフル回転させる、全力をあげる

As a night person, it takes me longer to get firing on all cylinders in the morning.

私は夜型人間なので、午前中にエンジンをフル回転させるには、もっと長い時間がかかります。

☞ Word Watch ☜

166 get the skinny on

…についての情報を手に入れる

skinny は名詞で、「(内部) 情報」「事実」という意味のアメリカ俗語。「やせこけた」「骨と皮ばかりの」という意味の形容詞とは関連がない、比較的最近使われるようになってきた語である。

I've been touching base with key local retailers to get the skinny on the state of the market.

私は現地のおもだった小売業者と接触して、市場動向に関する情報を入手していました。

＊touch base with　…と連絡を取る、…と接触する

167 get in touch with
…と連絡を取る、…と接触する

You and your mentor should work out how often it makes sense to get in touch with each other.

どのくらいの頻度で連絡を取り合えばよいのかを、あなたとメンターで決めておきましょう。

168 get right down to it
突き詰めて考える

When you get right down to it, they're addicted to busyness.

突き詰めれば、彼らは忙しくしていないではいられないのです。

169 give someone a head start ▷ No.170
（人）に有利なスタートを切らせる、（人）を（最初から）優位に立たせる

An internship gives you a head start in today's competitive job market.

インターンシップによって、現在の競争の激しい就職市場で、優位に立つことができます。

170 give someone an edge ▷ No.169
（人）を優位に立たせる、（人）を有利にする

Market players will use any bit of data they think can give them an edge.

市場関係者は、自分の利益になりえると思うデータは、どんなものでも利用します。

171 give up on
…に見切りをつける、…を断念する

Many of my friends have given up on the idea of buying a car and instead use carsharing.

友人の多くが車を購入するのを断念して、代わりにカーシェアリングを利用しています。

172 go along with
…に賛成 [同意、同調] する

My father went along with the idea of giving up driving altogether.

私の父は、車の運転を完全にやめることに同意しました。

173 go for the hard sell
強引な売り込み [販売] 方法を取る

Some car salesmen go for the hard sell with their customers. But such tactics may prove to be counterproductive.

お客に対して強引な売り込みを図る車のセールスマンもいますが、そうした方策は逆効果に終わることがあります。

174 go only so far
限度 [限界] がある

People realize that loyalty and hard work go only so far these days.

最近は人々が、忠誠や勤勉には限界があることに気づいています。

175 go out on a limb
危険を冒す、思い切ってやる

The more willing you are to go out on a creative limb, the greater the chance that you'll come up with a great idea.

思い切って創造力を働かせようという意欲が強ければ強いほど、すばらしいアイデアを思いつく可能性も高くなるのです。

176 go to the dogs
落ちぶれる、落ち目になる

Their business is going to the dogs.

その会社の業績は、下降線をたどっています。

> 反対の表現は have nothing going for one で、He had nothing going for him except for his audacity.（大胆さ以外に、彼にはいいところがまったくありませんでした）などと使う。

177

have a lot going for one

利点[いいところ]がたくさんある、たくさんの魅力がある

E-readers have a lot going for them.

電子書籍リーダーにはいいところがたくさんあります。

178

have a nose for

…をかぎつけるのが上手である

Belinda has a nose for promising investment opportunities.

ベリンダには、有望な投資機会をかぎ分ける才能があります。

179

have (got) one's work cut out for one

（人）が苦労する、（人）にとって一仕事である

We've certainly got our work cut out for us deciding who can best fill Tony's shoes.

トニーの後任に最もふさわしい人物を決めるのに、我々が苦労することは確かです。

＊fill someone's shoes　（人）の代役を果たす、（人）の後任となる

180

have something in common

共通して…を持つ、…の点が共通している

One thing all those folks have in common is that they value the sense of accomplishment that comes with a job well done.

これらの人たち全員に共通する一点は、仕事がうまくいった時に得られる達成感を大事にしているということです。

181

have the option

選択肢を持つ

If you seriously disapprove of your employer's actions, you always have the option of quitting.

雇用主のやることにどうしても承服できないと考えているのであれば、いつでも辞めることができるのですよ。

182 head south

> go south とも言う。反対は head north だが、こちらはあまり使わない。

悪化する、落ち込む

Loan volumes headed south during the recession.

不況で融資額は落ち込みました。

183 hone one's skills

> hone は「砥石で研ぐ」「磨き上げる」の意。hone one's talent（才能を磨く）などの表現もよく使う。

スキル［技能、腕］を磨く

You've got to hone your trend-spotting skills.

トレンドを見極めるスキルを磨かなければなりません。

184 hook someone up with

（人）を…と組ませる、（人）に…を紹介する

We try to hook interns up with one or two employees or a small group.

インターンを1人か2人の社員、または少人数の社員のグループと組ませるようにしています。

Word Watch

185 go for

…を選ぶ、…にする

このフレーズはほかにもいろいろな意味で使われる。たとえば、go for the doctor は「医師を呼びに行く」、IGO4U（= I go for you）は「私はあなたが好き」、That goes for me too. は「私も同じ意見である」。オフィスの中で Go for coffee. / Go for the mail. などと指示を受ける人、つまり「雑用係」のことは、アメリカの俗語で gofer（go for のなまったもの）と呼ぶ。

"Never go for the surf and turf if you're not picking up the check" was my mom's mantra.

「自分で支払うのでなければ、シーフードとステーキのセットなど、決して選んではならない」と、母は繰り返し口にしていました。

* surf and turf　シーフードとステーキのセット
* mantra　（繰り返し口にする）スローガン［モットー、主張］

186 jot down
…を書き留める [メモする]

I always carry a notebook in which I jot down ideas as they come to me.

私はいつも、頭に浮かんだアイデアを書き留めるメモ帳を持ち歩いています。

187 jump on the bandwagon
時流に便乗する、(後れを取るまいと) 流行のものに飛びつく

Everyone's jumping on the social media bandwagon these days.

最近、みんながわれもわれもとソーシャルメディアに飛びついています。

> bandwagon effect (バンドワゴン効果) ということばもあるが、これは「多くの人が考えている方向に引きずられる傾向」のこと。

188 keep in touch
連絡を取り合う、連絡を保つ

It's great to keep in touch in real time via the Internet.

インターネットを介してリアルタイムで連絡を取り合うのはすごいことです。

＊in real time　リアルタイムで

189 know one's way around
…がよくわかっている、…に精通している、…の地理に明るい

He doesn't seem to know his way around his PC terribly well.

彼は、自分の使っているパソコンにあまり精通していないようです。

190 leave a lot to be desired
遺憾な点が多い、まだまだ不十分である

I'm very self-conscious about my English skills, which still leave a lot to be desired.

まだまだ不十分な自分の英語力が、非常に気になっています。

＊be self-conscious about　…を気にする、…について自意識過剰である
▷No.286

191 let someone down

(人)をがっかりさせる、(人)の期待を裏切る

I hope I haven't let you down on something.

あなたの期待を裏切るようなことをしたのでなければいいのですが。

192 live up to

(期待など)に沿う、…にかなう

I've been doing my best to live up to that ideal.

私はその理想にかなうように、最善を尽くしてきています。

> 反対の意味の表現は keep sight of(…を見失わないようにする[見張る]、…を心に留める)。We must keep sight of our long-term goals.(私たちは長期目標を見失わないようにしなくてはなりません)などと使う。

193 lose sight of

…を見失う、…を忘れる

We mustn't lose sight of the fact that we have investors demanding short-term profits.

私たちには、短期的な利益を求めている投資家たちもいる、という事実を忘れてはいけません。

194 make a mental note

肝に銘じる、心に留める

Every time my boss behaved in a short-sighted or nasty way, I made a mental note never to be like that if I became a manager.

上司が短絡的あるいは不愉快な態度を取るたびに、自分が管理職になったら絶対にあのようにはなるまいと、肝に銘じました。

195 make it

(会合などに)何とか出席する、都合をつける

I'm glad you could make it here to this welcome dinner for Ron Walker.

ロン・ウォーカーを歓迎する、この夕食会に参加していただき、ありがとう。

196 meet someone in person
(人) にじかに会う

I've got an invitation to the White House to meet the president in person.

私は、大統領とじかに会うために、ホワイトハウスに招かれています。

197 pay a premium for
…に割増料金を払う、…に余分にお金を出す

Airlines are investing to attract passengers who will pay a premium for tickets.

航空会社は、チケットに余分にお金を出してくれる乗客を引きつけるための投資をしています。

198 pay attention to
…に注意を払う、…に留意する

Pay attention to Kay when she talks about performance evaluation.

ケイが業績評価について話をする時には、注意して聞きなさい。

199 pay off
…を全額払う、…を完済する

If we don't pay off the whole bill at the end of the month, we have to pay extra to the credit card company.

月末に請求額を全額支払わなければ、クレジットカード会社に余分なお金を支払わなければなりません。

200 pay the price
付け [代償] を払う

Like it or not, workers in this office will have to be punctual or pay the price.

いやが応でも、このオフィスで働く人間は時間厳守でなければ、その付けを払うことになります。

201 pitch in

協力する、参加する

We're going to pitch in and help with the cleanup that's still going on in the wake of Hurricane Katrina.

私たちは、ハリケーン・カトリーナのあと、今も続けられている撤去作業に協力する予定です。

＊in the wake of　…の結果として、…のあとに

> グループで何かするのに協力する、という時に用いられる表現。「グループの1人としてお金を出す、グループの資金集めに貢献する」の意味もあり、We all pitched in and bought her a Christmas present.（みんなでお金を出し合って、彼女にクリスマスプレゼントを買いました）などと使われる。

Word Watch

202 learn new tricks

新しいことを学ぶ [覚える]

You can't teach an old dog new tricks. ということわざがある。「老犬に新しい芸は教えられない」というところから、「年配者や頭の固い人に新しいことを教えるのは無理だ」という意味で使われる。

It sounds like all of us are going to have to learn some new tricks to keep on top of things in this competitive market.

競争の激しいこの市場で状況をきちんと把握していくには、私たちのだれもが、新しいことを学ばなければならないでしょう。

＊keep on top of things　状況をきちんと把握し続ける　▷No.053

203 play devil's advocate

（議論を活発にするために）わざと異論を唱える

動詞は play のほかに、be や act as も使う。devil's advocate はもともとはカトリックの用語で、「列聖調査審問検事」のこと。これは、聖徒候補に難癖をつける役割の人を指すが、通常は「（議論のための議論として）故意に反対の立場を取る人、（相手を試すために）わざと反対意見を展開する人」の意味で用いる。

Let me play devil's advocate here.

ここであえて異を唱えさせてください。

204 pull out all the stops to

…しようと最大限の努力をする

Hotels are pulling out all the stops to attract business customers.

ホテルは最大限の努力をして、ビジネス客を引きつけようとしています。

> このstopは「パイプオルガンの音栓」のこと。「音栓をすべて作動させてオルガンを演奏する」ということからきている表現だ。

205 raise the bar

レベルを上げる、水準を高くする

Online retailing has raised the bar as to what people expect in the way of customer service.

オンライン小売業界では、人々が顧客サービスの面で求めるものに関して、レベルを上げています。

＊as to　…に関して、…について

> 走り高跳び、あるいは棒高跳びからの連想によるフレーズ。

206 run rings around someone

（人）よりはるかに勝っている

I could run rings around my manager on a purely technical level.

専門技術のレベルだけは、私は上司よりもはるかに上でした。

207 run the risk of

…という危険を冒す

You run the risk of coming into contact with germs at a doctor's office.

あなたは、診察室で病原菌に触れるリスクを冒すことになります。

＊germ　病原菌、細菌

208 screw up
へまをやらかす、大失敗をする

There's one tactic I use when I want to tell someone that they've screwed up.

ミスを犯したことを当人に指摘したい時に、私が用いる方法が一つあります。

209 see the lighter side of things
物事の明るい面を見る

You've got to be able to see the lighter side of things to maintain a healthy perspective on life and work.

人生と仕事に対する健全な視点を維持するためには、物事の明るい面を見ることができなければなりません。

210 spare a minute
少し時間を割く

Can you spare a minute?

少しお時間をいただけますか。

📜 Word Watch 📜

211 rock the boat ▷ No.138
波風を立てる、面倒を起こす

rock は動詞で「激しく揺さぶる」「動揺させる」という意味。boat は「船」のことだが、日本語の「ボート」より大きな汽船や客船、大型船までも含む場合がある。rock the boat はイディオムで「(無用の) 波風を立てる」「平静な状態をかき乱す」という意味。

He might tell you not to rock the boat.

彼はあなたに、波風を立てるなと言うかもしれません。

212 spell out
…を詳しく説明する

The memo spells out in black and white the dangers facing air passengers these days.

飛行機の乗客が近年遭遇する危険が、そのメモにははっきりと詳細に書いてあるのです。

＊in black and white 文書で、はっきりと

213 spring up
生じる、誕生する

Gabrielle tells me that with the digital revolution, she finds new opportunities springing up everywhere she looks.

デジタル革命によって新しいチャンスがあちこちに生まれているのに気づくと、ガブリエルは私に言っています。

214 start out in life
社会［世の中］に出る、人生のスタートを切る

Renting removes a lot of the financial burdens facing people who are just starting out in life.

レンタルすることによって、社会に出たばかりの人たちの経済的な負担の多くがなくなります。

215 stay on top of one's game
絶好調を保つ

I need to find the right product manager so we can stay on top of our game.

このまま絶好調を保てるように、私は、適任のプロダクトマネジャーを見つける必要があるのです。

216 stick to

…をやり通す、…を貫く、…を続ける

It's tougher for a single guy like me to stick to a healthy diet.

私のような独身男性が健康的な食生活を続けるのは、もっと大変です。

> このフレーズには「…しなくてはいけないというプレッシャーがあり、応じざるを得ない」というニュアンスがある。

217 submit to

…に応じる

Refusing to submit to a random drug test is akin to admitting you're on drugs.

任意の薬物検査に応じることを拒むというのは、薬物を使用していると認めるようなものです。

 Word Watch

218 see the writing on the wall

（悪い）前兆を見てとる

旧約聖書「ダニエル書」の一節からで、the writing [handwriting] on the wall とは、Babylon の王 Belshazzar の宴会場の「壁に書き記された、国の崩壊を予言する文字」のこと。「不吉な物事や差し迫った災難・失敗などの前兆」を意味する。

Our management saw the writing on the wall, and so they voted to break up the company.

当社の経営陣はこの前兆に気づいたので、会社の分割を投票で決定したのです。

219 stand out from

…から抜きん出ている、…よりずっと優れている [目立つ]

stand out は「目立つ、目を引く、秀でている」ということで、よい意味で使うことが多い。形容詞としての standout は主に人について使い、「傑出した」「優れている」、名詞の standout は「傑出した人」「異彩を放つ人」「同調しない人」の意味。stand out in a crowd は「人混みの中でもひときわ目立つ」ということ。

I would recommend trying to stand out from other interns by doing things like working later than everyone else.

ほかのだれよりも遅くまで働くなどして、ほかのインターンから抜きん出る努力をすることを勧めます。

220 succumb to

…に屈する、…に負ける

There's a danger of succumbing to the temptation of immediate self-gratification.

自分の欲求をすぐに満足させたいという誘惑に負けてしまう恐れがあります。

> leafは「(本などの紙の)1枚」のこと。bookを使った表現でよく耳にするものに、by the book(規則[型]どおりに)がある。He always goes by the book.は「彼はいつもマニュアルどおりです[融通が効きません]」ということ。

221 take a leaf from the same book

同じようなことをする

Many other businesses have taken a leaf from the same book.

それと同じようなことをしている企業は、ほかにもたくさんあります。

> take a heavy tollとheavyを使い、被害や影響の深刻さを表すことがよくある。Closing the factory took a heavy toll on the people of that small town. (その工場の閉鎖は、小さな町の人々に大きな打撃を与えました)という具合。

222 take a toll

被害をもたらす、悪影響を与える

All too often, people underestimate the toll that stress can take.

人々は大抵、ストレスが体に及ぼしかねない害を甘く見ているのです。

＊all too often　頻繁に、大抵は　▷No.435

> take notesとnoteを複数形にすると、「メモ[ノート]を取る」ということ。単数形のtake note ofは「…を心のノートに書く」というイメージだ。そこから「注目する」の意味になる。I took note of his preference for short memos.は「私は彼が、短いメモが好きなことに気づきました」ということ。

223 take note of

…に注目する、…に注意を払う

We've taken note of how you like to take the lead and drive the performance of your coworkers.

あなたが、自分から進んで周りをリードして同僚の仕事を引っ張っていく様子に、私たちは注目してきました。

224 take something as a given

…を当然のことだと見なす[思う]

When I was starting out, it was taken as a given that you wanted to have your own car or house.

私が仕事を始めたころは、自分の車か家を持ちたいと思うのが当然だとされていました。

225 take something personally ▷No.114
…を個人攻撃と考える

We tend to take criticism personally.

私たちは、批判を個人攻撃と考えがちです。

226 tap into
…を引き出す、…をうまく利用する

He's someone who can help you tap into and develop your creative abilities.

彼は、皆さんが自分の創造力を引き出して伸ばすのに力になってくれる人物です。

227 think on one's feet
素早く判断する、機転を利かせる

A potential employer or client may notice your ability to think on your feet.

将来の雇用主や顧客が、あなたの機転のよさに気づくかもしれません。

▰☞ Word Watch ☜▰

228 think out of the box
独創的な考え方をする

「決まりきった固定観念を捨てて、柔軟な発想で独創的に考える」という意味。

If you see your job as just a daily grind, you're not likely to think out of the box and come up with new ideas.

自分の仕事を単なる毎日の決まりきったことと考えていては、独創的な考え方で、新しいアイデアを生み出すことなどできないでしょう。

＊daily grind　毎日の決まりきった仕事

229 turn someone off

(人) に興味を失わせる、(人) をうんざりさせる

Our first social networking site turned people off and distracted them from our core message.

当社の最初のソーシャルネットワーキングのサイトに人々は興味をなくしてしまい、当社が最も伝えたいメッセージに目を向けてくれなくなってしまいました。

＊distract someone from　(人) の注意 [関心] を…からそらす

230 work *pro bono*

無料で働く

The basic idea is that volunteers work *pro bono* on, say, a community project that can make practical use of their skills.

ボランティアは、そのスキルを活用できる場、たとえば、地域のプロジェクトのために無料で働く、というのが基本的な考え方です。

---

pro bono は、ラテン語の *pro bono publico* を略した言い方。「公共の利益のために」という意味で、弁護士事務所などが無償で行う弱者救済のための弁護活動などを指す。また、一般的に企業や個人などが行う無償奉仕の活動についても使う。労力については無償だが、実費を請求する場合もある。

231 as the situation requires
状況に応じて

The staff members move from task to task as the situation requires.

スタッフは、状況に応じて、ある仕事から別の仕事へと移るのです。

232 as they say
よく言われるように、ことわざにあるように

What goes around comes around, as they say.

よく言われるように、因果は巡るのです。

233 at an all-time high
史上最高で、これまでになく高い

News of special bonuses and incentive trips put company morale at an all-time high.

特別ボーナスと報奨旅行のニュースが、全社の士気をこれまでになく高めました。

Word Watch

234 above and beyond the call of duty
職務範囲を超えて

above and beyond は「(要求［期待］されている) 以上に」「…の範囲を超えて」の意。call of duty は「使命感や義務感などの呼びかけ」のこと。

Providing service above and beyond the call of duty certainly merits a hefty tip.

職務範囲を超えたサービスを提供することは、確かに高額のチップをもらうに値します。

* merit　…に値する、…の価値がある
* hefty　高額の、たっぷりの

235 at the risk of stating the obvious

わかりきったことを言うようですが

At the risk of stating the obvious, there's the language barrier.

わかりきったことを言うようですが、ことばの壁があります。

236 come to think of it

そういえば、考えてみると

Come to think of it, homemade apple pie isn't the only American institution on the endangered list.

そういえば、絶滅の危機にあるアメリカの伝統は、家庭で作るアップルパイだけではありません。

237 head on

真正面から

Many people don't have the intestinal fortitude to confront that crucial question head on.

この重大な問題に、真正面から立ち向かう勇気のない人が多いのです。

＊intestinal fortitude　勇気と忍耐、肝っ玉 (guts (胆力) の婉曲的表現)

> head-onとハイフンを入れた形も使われる。また、形容詞のhead-onは「正面からの、真っ向からの」を意味する。a head-on collisionは「正面衝突」のこと。

238 if you don't mind my saying so

こう言っては失礼ですが、こう言ってよければ

Your tie must have been quite expensive, if you don't mind my saying so.

こう言ってはなんですが、あなたのネクタイはきっととても高かったのでしょう。

239 in detail

詳細に、詳しく

I like your niche marketing idea. Write it up in detail.

隙間市場を狙ったあなたの案は気に入りました。それを詳細にまとめてください。

240 in flux

絶えず変化して、流動的で

With the e-book's arrival on the scene, the whole concept of a book is in flux.

電子書籍の登場によって、本の概念自体が揺らいでいるのです。

＊arrival on the scene　（新しい製品などの）登場［出現］

241 in tandem with

…と歩調を合わせて、…とともに

We grew by leaps and bounds in tandem with the rising affluence of the middle class.

わが社は、中間層の豊かさが増すとともに、飛躍的な成長を遂げました。

＊by leaps and bounds　飛躍的に、急速に　▷No.095

242 in the heat of the moment

（一時の）興奮に駆られて、かっとして

If you write an email in the heat of the moment, you should take time to cool down and reread it.

興奮に駆られてメールを書いてしまったら、時間をかけて気を落ち着けてから読み返すべきです。

▶ Word Watch

243 believe it or not

信じてもらえないかもしれないが

直訳すれば「信じようと信じまいと」ということだが、聞けばびっくりするような事柄を話す時に用いる表現。また Believe It Or Not はアメリカの新聞に掲載された Robert Ripley（1890-1949）の人気コラムのタイトルで、これを基にした同名のテレビ番組もあった。信じられないようなびっくり仰天の事実、偉業、超人などの話題が取り上げられていた。

Believe it or not, a candidate's approach, handshake and overall body language can make the difference in the outcome of their interview.

信じてもらえないかもしれませんが、こちらへの近寄り方や握手のしかた、そして全般的なボディランゲージが、その就職希望者の面接結果を左右することがあるのです。

244 like it or not
好むと好まざるとにかかわらず、いやが応でも

Like it or not, social media exposes the real nature of our corporate culture.

ソーシャルメディアは、いやが応でも、当社の企業文化の本質をさらけ出してしまいます。

245 no end
非常に、とても

Seiji's English has improved no end since he came to the U.S.

聖四の英語は、アメリカに来てから非常に上達しました。

246 not to mention
…は言うまでもなく、…はもちろん

I'm really glad your team has achieved results, not to mention that your troublesome tasks have been settled.

面倒な仕事が片づいたことはもちろんですが、チームの業績が上がったのも、本当によかったですね。

247 on a more positive note
もっと前向きな［明るい］話をすると

On a more positive note, here's another tip for you.

もっと前向きな話として、あなたにもう一つ助言があります。

248 to put it simply
簡単に言えば、はっきり言って

To put it simply, accent reduction is training in how to bring yourself closer to an American accent.

簡単に言えば、アクセント・リダクションとは、アメリカ人のアクセントにいかに近づけるかのトレーニングです。

249 to the max

非常に、最高に、ピークに

Americans are stressed out to the max.

アメリカ人はストレスがピークに達しています。

> to one's limitsと言い換えることもできる。

250 with no end in sight

終わりが見えずに、いつまで続くかわからずに

The country's total student-loan debt is fast approaching $1 trillion with no end in sight.

この国の学資ローンの総返済残高は、1兆ドルに急速に迫る勢いで増えていて、どこまで増えるかわかりません。

251 Hold on to your hat.

びっくりしないで [驚かないで] ください。

Well, hold on to your hats: Our company has been voted the world's No. 1 place to work.

いいですか、びっくりしないでくださいよ。わが社が世界一働きがいのある会社に選ばれたのです。

252 it's a different story

話は別だ

It's a different story when people make a habit of frequently changing jobs past the age of 30 or 35.

30歳、35歳を過ぎても、しょっちゅう転職ばかりしているとなると、話は別です。

＊make a habit of　習慣的に…をする

253 no doubt about it

それは間違いない、それは確かだ

Parenting can be quite a challenge in the digital age, no doubt about it.

デジタル時代においては、子育てが大きな難題になりえることは間違いありません。

Word Watch

254 Be prepared.

備えよ常に。

ボーイスカウトの有名なモットー。「いつなん時、いかなる場所で、いかなることが起こった場合でも善処ができるように、常々準備を怠ることなかれ」という意味である。そうした状態のことを preparedness（備えができていること、覚悟）と呼ぶ。

Be prepared, as the Boy Scouts say.

ボーイスカウトのモットーのように、備えよ常に、です。

255 see things in a different light
物事を違う角度から見る、物事に対して違う見方をする

I've been seeing things in a different light since 9/11.

2001年9月11日の同時多発テロ以来、私は物事に対して違う見方をするようになりました。

256 something tells me
…という気がする、おそらく…だろう

Something tells me Ken wasn't a happy camper at our company.

おそらくケンは、わが社に満足していなかったのでしょう。

＊happy camper　楽しそうな［幸せそうな］人、満足している人（サマーキャンプで楽しそうにしている子供からの比喩）

☞ Word Watch ☜

257 Hold your horses.
慌てるな。落ち着け。ちょっと待って。

「馬を抑えよ」ということだが、イディオムで「はやる気持ちを抑えるように」の意味を表す。

Hold your horses! May I suggest you take a look at our schedule one more time?

まあまあ、ちょっと待って。もう一度スケジュールを見てみてはどうですか。

258 Who'd have thunk it?
そんなこと思ってもみなかった。これは驚き［意外］だ。

thinkの標準的な過去形・過去分詞形はthoughtだが、thunkは非標準的な過去形・過去分詞形。Who'd have thunk it?は、通常haveにはアクセントを置かない。また、haveの代わりに、ofあるいはaと表示することもある。形容詞句にして、who'd-a-thunk-it product（考えてもみなかったような製品、驚きの製品）などとも用いられる。

Who'd have thunk it, right?

そんなことができるなんて、意外でしょう。

259 The list goes on and on.
（例を挙げれば）ほかにもまだまだある。

We need innovative solutions to deal with problems such as healthcare, oil spills, cybercrime — the list goes on and on.

医療、石油流出、サイバー犯罪といった問題に対処するには、創意に富んだ解決策が必要です。問題は、ほかにもまだまだありますが。

260 there is no denying that
…ということは否定できない

There is no denying that the number of bookstores is falling.

書店の数が減っていることは否定できません。

261 there is no substitute for
…に代わるものはない

The firm felt that ultimately there was no substitute for face-to-face contact.

その会社は、直接顔を合わせてのやり取りに代わるものは結局のところないと感じたのです。

262 You said it.
まったくそうだ。まさにそのとおりだ。

You said it. It's time to embrace the "no-excuses" lifestyle.

まったくそのとおりです。「言い訳をしない」ライフスタイルを取り入れるべき時なのです。

第 3 章

職場などの日常会話で

263 ☞ 490

> 職場では直接業務に関わることしか話題にしてはならない、ということはないはず。ちょっとした業務連絡など日常的なやり取りだけでなく、時には新しいネットサービスやライバル企業の採用動向から国際情勢まで、作業の合間に交わす話が、貴重な情報交換になることも少なくありません。

263 acclimatize oneself to
…に順応する

I had a hard time acclimatizing myself to life in Chicago.
シカゴの生活に順応するのは大変でした。

> adapt to や get used to と言い換えることもできる。

264 add another wrinkle
別の問題をもたらす

Moving to a big city adds yet another wrinkle.
大都市に引っ越すということは、また別の問題をもたらします。

265 apply for
…に申し込む、…を申請する

Fill out this form to apply for unemployment insurance benefits.
失業保険給付金を申請するには、この用紙に必要事項を記入してください。

266 be all for
…に大賛成である

I'm all for voluntourism.
私はボランツーリズムに大賛成です。

267 be at risk
危険にさらされる

Heavy smokers may be at high risk of getting heart disease.
ヘビースモーカーは心臓病にかかる危険性が高いかもしれません。

268 be at someone's disposal

(人) が自由に使える、(人) の思いのままになる

My aging gray cells are at your disposal.

私の老化しかけている頭脳でよければ、どうぞ使ってください。

＊gray cells　脳みそ、頭

> disposalは「自由裁量[使用]権」のこと。I'm at your disposal all weekend, so call anytime.（週末はずっと待機していますから、いつでも電話してください）などとも用いられる。

269 be attached to

…を好む、…に愛着がある、…を慕っている

This hat cost me $80 and I'm very attached to it.

この帽子は80ドルもしたもので、とても愛着があるのです。

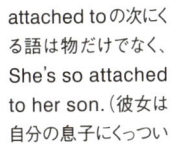

> attachedは「ぴったりとくっついている」というイメージのことば。be attached toの次にくる語は物だけでなく、She's so attached to her son.（彼女は自分の息子にくっついて離れません）などと、人の場合もある。

270 be dismayed by

…に失望 [落胆、狼狽（ろうばい）] する

I'm dismayed by the color choices the boss made for the office.

私は上司が選んだオフィスの色調にがっかりしています。

Word Watch

271 air dirty laundry in public

内輪の恥をさらす [外に出す]

laundry は「洗濯物」。そこから dirty laundry は「外聞の悪いこと」「内輪の恥」を意味し、批判的な文脈で使うことが多い。アメリカでは air を使うが、イギリスでは wash を使うのが一般的とされる。laundry の代わりに linen（肌着類、下着類）も用いられる。

Airing dirty laundry in public via social media reflects badly on you and the company.

ソーシャルメディアを通じて内輪の恥をさらすと、自分や会社の印象が悪くなります。

＊reflect badly on　…に悪い印象をもたらす、…の評判を悪くする

272 be distracted by

…のために気が散っている

People should be focused on the meeting, and not distracted by devices such as laptops and smartphones.

出席者は会議に集中すべきであって、ラップトップやスマートフォンといった機器によって気を散らされてはいけません。

273 be earned and deserved

もらって [受けて] 当然のものである、もらう [受ける] だけの価値がある

Tips should be earned and deserved.

チップは、サービスに見合ったものでなければなりません。

274 be like the pot calling the kettle black

自分のことは棚に上げて人を非難するようなものである

I have to admit that my calling you out on that is a bit like the pot calling the kettle black.

私はそのことをあなたに指摘したものの、自分のことは棚に上げていると認めなくてはなりません。

> The pot calls the kettle black. あるいは It's (a case of) the pot calling the kettle black. はことわざで、「鍋が釜を黒いと言う」から「自分のことは棚に上げて他人を非難する」という意味。

275 be loath to

…するのに気が進まない、…する気にならない

The company's management was loath to abandon their long-time approach.

長年続けてきた方法を、その会社の経営陣はなかなかやめる気になりませんでした。

＊abandon　捨てる、やめる、断念する

276 be on call 24/7

いつでも待機している

I suppose what really bothers me about all this constant connectivity is that everyone expects you to be on call 24/7.

こうした常時接続性に関して、私が実に悩ましく思うのは、相手はいつでも待機しているものと、だれもが考えていることでしょうか。

＊constant connectivity 常時接続性 ▷No.653

> be on callは「いつでも電話で仕事の指示を受けて、仕事にかかれる状況にいる」ということ。24/7はtwenty-four sevenと発音する。

277 be on the decline

減少している

America's pet population is on the decline.

アメリカではペットの数が減少しています。

> 売上や株価などの数値が「上がっている」時にも使うことができる。Our sales have been on the rise. (わが社の売上は伸びてきました)という具合。

278 be on the rise

上昇している、増加している

Since the peace pacts were signed, commercial contacts and cultural exchanges have been on the rise.

平和条約の締結以降、通商と文化交流が盛んになってきました。

📢 **Word Watch**

279 be cornered by

…に追い詰められる、…から逃げられなくなる

動詞の corner は「(人・動物)を窮地に追い込む」という意味。ことわざの「窮鼠猫をかむ」(追い詰められたネズミがネコにかみつく)は、A cornered rat will bite the cat. と言う。

One thing that really irks me is when I'm cornered by a nonstop talker at a reception.

私が本当にうんざりすることの一つは、レセプションで、ひっきりなしにしゃべる人に捕まってしまうことです。

＊irk いらつかせる、悩ませる

280 be out of

…がない、…を切らしている

You can't blame the server if the restaurant is out of your favorite wine or the restroom isn't spick-and-span.

レストランが自分のお気に入りのワインを切らしていたり、トイレがきれいでなかったりしても、給仕してくれる人を責めることはできません。

＊server　（レストランの）ウェイター、ウェイトレス、接客係（男性・女性の区別なしに使える語。集合的にwaitstaffとも呼ぶ）
＊spick-and-span　きれいに片づいた、こざっぱりした

281 be out of action

活動できない、働けない

He will be out of action for a while.

彼はしばらく働けないでしょう。

282 be out of the woods

> be out of dangerと言い換えることもできる。

危機を脱している、もう安心である

Some hotel operators don't seem to think we're out of the woods yet when it comes to the recession.

一部のホテル経営者は、不況ということでは、まだ危機を脱していないと考えているようです。

283 be plunged into

…に追いやられる[ほうり込まれる]

It's perfectly natural to be stressed out when you're suddenly plunged into an unfamiliar situation.

慣れない環境に急にほうり込まれた時にストレスがたまるのは、ごく当たり前のことです。

＊be stressed out　ストレスを感じる、ストレスがたまっている　▷No.289

第3章 職場などの日常会話で ●動詞のような働きをする表現

284 be preoccupied with

…で頭の中がいっぱいである

I'm always preoccupied with the minutiae of everyday life.

私はいつも、日常生活のこまごまとしたことに追われています。

＊minutiae （単数形はminutia）ささいな点［こと］、詳細

> 関連した意味の言い回しに、one's mind is full of（心が…で満ちている、心が…に奪われている）がある。

285 be prone to

…の傾向がある

Eating a big meal close to bedtime can be a problem too, especially if you are prone to indigestion.

就寝時刻近くになってからたくさん食べるのも、とりわけ消化不良を起こしやすい人の場合は、問題になることがあります。

＊indigestion 消化不良

286 be self-conscious about

…を気にしている、…について自意識過剰である

I was pretty self-conscious about my pronounciation when I first came to the U.S.

初めてアメリカに来た時、私は発音をかなり気にしていました。

Word Watch

287 be in a bad mood

機嫌が悪い、不機嫌である

mood の形容詞は moody で、「不機嫌な」「ふさぎ込んだ」の意。日本語の「ムーディー」は「ムードのある」「雰囲気のいい」という意味で使うこともあるが、英語の moody にはそうした意味はない。

I used to work at a company where one executive always seemed to be in a bad mood.

私がかつて勤めていた会社に、いつも不機嫌そうにしているエグゼクティブがいました。

288 be spared

免かれる、なしで済む

Young people face some tough life choices that my generation was fortunate enough to be spared.

幸いにも私の世代はしなくて済んだ、人生の厳しい選択に、若者たちは直面しています。

> Spare me the details.（細かいことなんか聞きたくない）という言い回しもある。きつい印象を与えるかもしれないひと言なので、使う時には注意が必要。

289 be stressed out

ストレスで疲れ果てる

More and more people are stressed out about how they're going to fund their retirement.

老後の資金をこれからどうやって調達するかについて、ストレスをため込んでいる人が、ますます増えています。

290 be taken aback ▷ No.496

びっくりする、めんくらう

I was taken aback by his very rude and presumptuous attitude.

彼のとても無礼で厚かましい態度には、あっけにとられました。

＊rude and presumptuous　無礼で厚かましい

291 be transferred to ▷ No.384

…に転勤する、…に移転する

She's in seventh heaven about being transferred to New York.

彼女はニューヨークへの転勤をすごく喜んでいます。

＊be in seventh heaven　有頂天である、大喜びしている

292 be wont to

決まって…する、よく…する

"My door is always open," as he is wont to say.

「私のオフィスのドアはいつも開いています」と彼はよく言っています。

293 beat a path to

…に押しかける、…に殺到する

Now the world and his wife are beating a path to the Middle Kingdom.

今ではだれも彼もが中国に押しかけています。

* the world and his wife　だれも彼も、猫もしゃくしも
* Middle Kingdom　中国

294 blow up at

(人) に対して激怒する

Constantly blowing up at your subordinates is a surefire way to create a dysfunctional organization.

部下たちをしかりつけてばかりいると、確実に組織が機能不全に陥ります。

⌬ Word Watch ⌬

295 be up for grabs

だれでも手に入れられる、容易に手に入る、だれにでもチャンスがある

grab は名詞で「奪うこと」「つかむこと」で、ここでの be up for は「…の対象になる」「…の可能性がある」という意味。grabs という複数形で使う。

Money that used to be invested in home ownership is now up for grabs.

かつては住宅の所有に充てられていた資金を、今ではあらゆる業界が取り込むことができます。

296 be up to one's neck ▷ No.617

とても忙しい、かかりきりである

neck の代わりに ears, elbows, eyes, eyeballs, eyebrows なども使う。いずれも「忙殺されている」ことを意味する。

I've been up to my neck in work getting ready to visit the West Coast.

私は、西海岸に出張する準備にかかりきりです。

297 bone up on
…を猛勉強する、…を頭にたたき込む

We are having to bone up on headgear etiquette now that hats seem to have come back into fashion for men in such a big way.

男性の間で帽子が再び流行し、それも一大ブームになっているようですから、我々は帽子のエチケットについて、きちんと学ばなければなりません。

＊in a big way　大いに、すごく

298 bottle up one's feelings
感情を抑える［押し殺す］

We're told it's wrong to bottle up your feelings, that it's better to let them out.

感情を押し殺すのはよくないことであり、感情を吐き出すほうがいいと、私たちは教えられています。

299 bring someone on board
（人）を仲間に加える、（人）を一員に迎える

It's a good idea to bring someone on board with a solid background in the beauty business.

美容業界ですばらしい経歴を持つ人を迎えるのは、よい考えです。

＊solid background in　…でのしっかりした経歴

300 brood about
…についてあれこれ［くよくよ］考える

At first I got angry and started to brood about how I would exact my revenge.

最初は憤慨して、どうやって仕返しをしようかと、あれこれ考えるようになりました。

301 climb the corporate ladder
出世の階段を上る、出世［昇進］する

I took note of the barriers I'd face by raising a family while trying to climb the corporate ladder.

私は、出世を目指しながら子育てをすることでぶつかりそうな障害に気をつけました。

＊take note of　…に注意を払う、…に注目する　▷No.223

302 cling to
…にしがみつく、…に固執する

People still cling to the middle-class dream.

人々は相変わらず中流階級の夢にしがみついています。

303 come as no surprise
驚きではない

The layoffs came as no surprise, as rumors have been rampant.

うわさがかなり広まっていたので、レイオフは驚きではありませんでした。

> 「成功」「輝かしい業績」など、よいことにも使える表現。His Grammy win came as no surprise.（彼のグラミー賞受賞は驚きではありません）という具合。

Word Watch

304 bite the bullet
歯を食いしばって耐える、困難に立ち向かう

麻酔薬がない時に、戦場で負傷した兵士を手術する際に弾丸をかませて痛みをこらえさせたことからきた、と言われる。また、bite the dust は「失敗する」「死ぬ」の意。

It's time to roll up your sleeves and bite the bullet.

本気になって取り組み、困難に立ち向かう時が来たのです。

＊roll up one's sleeves　（シャツの）袖をまくる、腕まくりする、本気になって取り組む

305 commute to work
通勤する

There are fewer people on the road commuting to work.

車で通勤する人が減っています。

306 delve into
(問題など)を掘り下げて考える、(情報を求めて)…を調べる[研究する]

What's really great is how a growing number of young readers are delving into the classics.

非常にすばらしいのは、古典を深く掘り下げようとしている若い読者が増えていることです。

307 discriminate against
…を差別する、…を冷遇する

What makes it even worse is that many employers discriminate against the long-term unemployed.

多くの雇用主が長期失業者を差別していることが、状況をいっそう悪化させています。

308 drill something into
(物事など)を…に教え込む[たたき込む]

Try to be kind to everyone: that's something my mom drilled into me.

だれに対しても温かく接するよう心がけること。これは、母からたたき込まれたことです。

③⁰⁹ expand one's horizons

視野を広げる

China's the place to be for young people who want to expand their horizons.

視野を広げたいと思っている若者にとって、中国は格好の場所です。

³¹⁰ extricate oneself from

…から抜け出す

I'm glad to hear you were able to extricate yourself from a sticky situation.

思わぬピンチから抜け出せてよかったですね。

³¹¹ fall by the wayside

途中でだめになる、挫折する

Many things that we long took for granted are falling by the wayside.

私たちが長い間、当たり前だと思ってきた多くのものが、消えつつあります。

＊take something for granted　…を当然のことと思う

― Word Watch ―

³¹² drop the ball

へまをする、ミスをする

「（球技において）ボールを落とす」というところからの比喩で、「ミスをする」「期待を裏切る」ということ。また、carry the ball は「（一人で）責任を取る」「（計画などを）率先してやる」の意。get [set, start] the ball rolling（▷ No.325）は「ボールを転がし始める」から、「（物事を）順調にスタートさせる［軌道に乗せる］」という意味で使われる。The ball is in your court. はテニスの表現からの言い回しで、「今度はあなたの番だ」ということ。

I'm always worried that I've dropped the ball somehow.

私が何かしらミスをしたのではないかと、いつも気がかりです。

313 feel the heat
プレッシャーを感じる

Traditional retailers and their suppliers are feeling the heat.

従来型の小売業者やその納入業者は、プレッシャーを感じています。

314 fend for oneself
自力でやっていく、自活する

We don't just throw interns into the office and expect them to fend for themselves.

私たちは、インターンをただ職場に放り込むだけで、あとは彼らが自力でやっていくのを期待している、というわけではありません。

315 find fault with
…のあら探しをする、…にけちをつける

He finds fault with everything and everybody.

彼は何であれ、だれであれ、あら探しをします。

316 foot the bill
支払いをする、費用を出す

I'm footing most of the bill for his college tuition.

彼の大学の授業料は、私がほとんど出しています。

> 勘定書きのいちばん下のところ(foot)に自分の名前をサインして、支払いの責任を負うところからきた表現とされている。

317 fret about
…について思い悩む

Perry frets about worst-case scenarios that probably will never happen.

ペリーは、ほとんど起こりえない最悪の事態について頭を悩ませています。

318
get behind the wheel
(車の) 運転席に座る、運転する

I became worried about letting my grandfather get behind the wheel.

祖父に運転をさせておくことが心配になってきました。

> behind [at] the wheel は「ハンドルを握って、運転して」の意味。wheel は steering wheel、つまり「輪形のハンドル」のこと。

319
get butterflies in one's stomach
どきどきする、そわそわして落ち着かない

I've got butterflies in my stomach thinking about what a challenge this project will be for me.

このプロジェクトが私にとって、どんなに大きなチャレンジになることかと考えるだけで、どきどきします。

☞ Word Watch ☜

320
go cold turkey
いきなり [きっぱりと] やめる

cold turkey は「冷たいシチメンチョウ (のような肌)」のこと。もともとは、依存症の患者から麻薬やアルコール、タバコなどをいきなり完全に取り上げることで生じる禁断症状のこと。そこから、広く「悪習」を急にやめる時に使われるようになった。例文では、メールをそうしたものに例えていて、少しユーモラスな言い方になっている。

You didn't go cold turkey on email when you were on vacation, right?

あなたは休暇の間はメールをいきなりすっかりやめていた、というわけではありませんよね。

321
go the way of the dodo
絶滅 [消滅] する、廃れる

dodo は 17 世紀の末ごろ絶滅した鳥。ハトの近縁で、シチメンチョウより大きく、動作が鈍くて飛べなかった。「もう絶滅している」「時代遅れの」の意味で (as) dead as the dodo ともいう。

It looks like snail mail is going the way of the dodo.

従来の郵便は廃れつつあるようです。

＊snail mail 　従来の郵便

③②② get into the habit of
…の習慣が身につく、いつも…をするようになる

I've gotten into the habit of reading the latest bestsellers on my e-reader when I'm traveling to and from the office.

私は会社の行き帰りに、いつも電子書籍リーダーで最新のベストセラーを読むようになりました。

③②③ get over it
立ち直る

I'm sure I'll get over it — in time.

私はきっと立ち直りますよ。そのうちにね。

＊in time　そのうちに、いつかは

③②④ get someone's hackles up
（人）を怒らせる［かっとさせる］

If being criticized gets your hackles up, save your anger for after work.

批判されて怒りを覚えても、その怒りを仕事が終わるまで自分の中にしまっておくことです。

③②⑤ get the ball rolling
（…を）始める、（…の）口火を切る

I use various little tricks to get the conversational ball rolling.

会話を始めるために、私はちょっとした方法をいろいろ用いています。

③②⑥ get the better of
…を負かす、（感情などに）…が負ける［流される］

There's no point in letting your emotions get the better of you.

自分の感情に流されてしまっては、どうにもなりません。

＊There's no point in　…をしても意味がない［しかたがない］。

327 get the hang of
…のコツをつかむ、…に慣れる

You seem to be getting the hang of things in your new job.

あなたは新しい仕事に慣れてきたようですね。

328 give someone a piece of one's mind
（人）に文句を言う、（人）をしかりつける

He stormed into their cubicles and gave each of them a piece of his mind.

彼はその人たちのブースに猛然と入っていって、一人一人に文句を言いました。

＊storm into　（怒って）…に飛び込む

☞ Word Watch ☜

329 hold one's breath
期待する

レントゲン写真を撮る時のように「息を止める」という場合にも使うが、イディオムとしては「期待する」「息をひそめる」「固唾（かたず）をのむ」ということ。Don't hold your breath. は「期待しても無駄だ」という意味。

I'm not going to hold my breath waiting for airlines to improve their act menu-wise.

航空会社がメニューの面で改善するのを、私が期待して待つことはないでしょう。

330 juggle work and family responsibilities
仕事と家族に対する責任［義務］を両立させる

juggle はもともと「（球やナイフなどでお手玉のような）曲芸をする」「奇術をする」の意だが、そこから「（仕事と家庭など両立がなかなか難しいことを）両立させる」の意味でよく使われる。

It sure is hard juggling work and family responsibilities in today's intensively competitive society.

非常に競争の激しい今の社会では、仕事と家族に対する責任を両立させることは、確かに難しいのです。

331 go for it
（目標に向かって）がんばる

If he has a passion for journalism, he should ignore the naysayers who say the news business is kaput and go for it.

彼がジャーナリズムに情熱を抱いているのなら、報道という分野の仕事はもうおしまいだと否定的な見方をする人など無視して、目標に向かってがんばるべきです。

＊naysayer 　（いつも）反対する人、けちばかりつける人
＊kaput 　壊れた、だめになった、おしまいの

> 似た意味の表現に、outdo oneself（最大限の努力をする、これまでで最高の成果を出す）がある。直訳すれば「自分を上回る」ということ。ホームパーティーですばらしい料理をたくさん用意していてくれたホストに、You really outdid yourself, thank you.（わざわざこんなにまでしてくれるなんて、ありがとう）とお礼を言う時にも使える。

332 go places
成功する、出世する

Mentors like to help people they think are going places.

メンターというのは、大成すると見込んだ人に力を貸したいと思うものです。

333 go the extra mile
一層の [特別な] 努力をする

I'll give a generous tip when hotel staffers go the extra mile for me.

ホテルの従業員が職務以上のことをしてくれた場合は、私はチップをはずむようにしています。

334 hang out with
…と付き合う、…と親しくする

He was a cool guy to hang out with.

彼は、付き合っていて楽しい男でした。

> 楽器を使った表現に drum in（…を繰り返して教え込む、…をたたき込む）がある。My father drummed in the importance of saving money when I can.（お金をためられる時にためることが大切だと、父は繰り返し教えました）などと使われる。

335 harp on
…をくどくど繰り返し言う

Sorry to harp on this subject.

この問題を蒸し返してすみません。

336
have a ball
楽しむ

Although Julie had been reluctant to go on the company trip, she ended up having a ball.

ジュリーは社員旅行にあまり気乗りがしていなかったのですが、行ってみたらとても楽しめました。

337
have a blast
大いに楽しむ

She's having a blast working as a corporate volunteer in China.

彼女は中国で、企業ボランティアとしての仕事を大いに楽しんでいます。

338
have a tough time
苦労する、苦境に立つ

Many people have had a tough time getting by in that city.

その街では、多くの人たちが暮らしていくのに苦労してきました。

339
have got a lot on one's plate
(仕事など)やるべきことが山ほどある、手いっぱいである

I've certainly got a lot on my plate these days.

最近はやるべき仕事が本当に山のようにあります。

> have got a lot on one's handsとも言い換えられる。最後の部分がon one's mindだと、「やらなくてはいけないことで頭がいっぱい」といった意味に、on one's shouldersだと、「たくさんの責任を負わされている」の意味になる。

Word Watch

340
keep a stiff upper lip
何があっても冷静で自分の感情を表に出さない、何事にも平然としている

直訳すれば「固い上唇を保つ」だが、上唇をじっと動かさないでいること。緊張したり動揺したりすると唇が震えるところから。

I kept a stiff upper lip during the time I was raising my kids.

子供を育てていた期間、私は何があっても平然としていました。

341 have got one's heart set on

…を強く望む、…を心に決める

My son has got his heart set on a career in journalism.

息子は、ジャーナリズムの仕事を目指しています。

> one's heart is [was] set on と言い換えることも可能。たとえば、My heart was set on going to Paris.(私はパリに行く決心をしました)という具合。

342 have (got) one's nose in

…に夢中になっている

I hate it when someone's got their nose in their laptop during a meeting and is oblivious to what's going on around them.

会議中に、ラップトップに夢中になって自分の周りで進行していることに気づかない人がいると、私は嫌ですね。

＊be oblivious to …に気づいていない、…がわからない

343 hog the limelight

人の注目を独占する

I've been struck by the way you don't hog the limelight when the team succeeds.

チームが成功を収めた時、あなたは自分だけが注目を浴びようとはしないところに、私は感銘を受けてきました。

344 identify with

…に共感する、…に自分を重ね合わせる

As a divorcée who lives alone, I can identify with that. Fifty years ago, it was hard for a woman to support herself.

私は離婚経験者で1人暮らしをしているので、それはよくわかります。50年前は、女性が自活するのは難しいことでした。

＊divorcée 離婚した女性

345 instill in someone

(人)に…を植えつける [教え込む]

The way we handled our son's allowance <u>instilled in him</u> a solid appreciation for the value of money and hard work.

わが家の小遣いの方針のおかげで、息子はお金と勤勉の大切さをしっかり理解するようになりました。

＊appreciation for　…への認識 [理解]

346 jog someone's memory

(人)の記憶を呼び覚ます

It really does help if you write down a few things on a person's card to help <u>jog your memory</u>.

記憶を呼び覚ますヒントになることを、その人の名刺に書き留めておくと、とても役に立ちますよ。

☞ Word Watch

347 knot a tie

ネクタイを結ぶ

knot にも tie にも名詞と動詞両方の用法があるが、語順を逆にして tie the knot といえば、「結び目を作る」から、口語のイディオムで「結婚する」「結婚式を挙げる」という意味になる。花嫁、花婿の着ているものやリボンを結ぶのは「結ばれる」ことの象徴だからである。

I guess I'd better make sure <u>my tie</u> is <u>knotted</u> properly!

ネクタイの結び目がきちんとしているか、私は確かめたほうがよさそうです。

348 live from one paycheck to the next

給料ぎりぎりの生活をする、その日暮らしをする

live from paycheck to paycheck あるいは live [subsist] paycheck-to-paycheck とも言う。「給料でやっと食いつなぐ」ということ。アメリカでは、給与は毎週あるいは 2 週間に一度小切手で支給されるのが普通だが、そのほとんどすべてを生活費に使ってしまい、貯金があまりできないような暮らしを指す。

In other words, they're <u>living from one paycheck to the next</u>.

言い換えれば、彼らはその日暮らしをしているということです。

349 keep one's head above water
(借金をせずに) 何とかやっていく、どうにか持ちこたえる

Many retailers are finding it hard to keep their heads above water.

どうにか持ちこたえるのも大変だ、という小売店が多いですね。

350 keep someone [something] at bay
(人・物)を(未然に)防ぐ、(人・物)を寄せつけない

They say having a dog or a cat is a great way for seniors to keep high blood pressure and stress at bay.

犬や猫を飼うことは、高齢者が高血圧やストレスを防ぐ非常に効果的な方法だと言われています。

351 keep up with
…に遅れずについていく

I'm a dyed-in-the-wool news junkie who has to keep up with current events.

私は、最新の出来事に遅れずについていかずにはいられない、根っからのニュース熱中者です。

＊dyed-in-the-wool　根っからの、石頭の
＊news junkie　ニュースに熱中している人

> keep up with the Joneses (隣人に負けまいと見栄を張る、最新流行を追う)という表現もあるが、これは、1913–41年に新聞に連載されたマンガのタイトルからきた表現。反対はfall behind (後れを取る)。You must not fall behind in your monthly payments. (月々の支払いを滞らせてはいけません) のように使う。

352 latch onto
(考えなど)を取り入れる、(流行など)に乗る[飛びつく]

Smart marketers are latching onto the frugal mood among consumers.

賢いマーケティング担当者は、消費者の倹約ムードに乗っかっています。

353 learn the ropes
コツを学ぶ、要領を覚える

He's a newcomer to this country who's still trying to learn the ropes.

彼はこの国にやって来たばかりで、まだ仕事のコツを学ぼうとしています。

354 lighten up
気が晴れる、状況が和らぐ

Lighten up, Lois. It's not the end of the world.

気を楽にして、ロイス。この世の終わりというわけではないのですから。

355 lose track of ▷ No.057
…がわからなくなる、…を見失う、…を忘れる

I've lost track of all the New Year's resolutions I've made over the years.

私がこれまで立てた、いろいろな新年の誓いは、もう忘れてしまいました。

356 luck out
運がいい、ついている

Last year they lucked out and were hired as campground hosts for three months.

彼らは去年、運よくキャンプ場の管理人として3か月間雇ってもらえました。

☞ Word Watch ☜

357 look over one's shoulder
びくびくする

「肩越しに後ろを振り返る」から、「戦々恐々としている」「(危険・嫌なことが起こりはしないかと) 心配する」という意味。

They don't look over their shoulders waiting to be told what to do.

彼らは周囲を気にしてびくびくしながら、指示されるのを待っている人たちではありません。

358 make a go of it
成功する、一旗揚げる

Anyone who's trying to make a go of it as a journalist needs an entrepreneurial spirit and a new set of skills.

ジャーナリストとして大成するために努力している人はみな、起業家精神と新しいスキルが必要です。

＊entrepreneurial spirit　起業家精神

359 make an excuse for
…の言い訳をする

Jane made an excuse for not settling her expense account, but her boss wasn't pleased.

ジェーンは経費精算をしなかった言い訳をしたのですが、彼女の上司は快く思いませんでした。

360 make ends meet
家計をやりくりする、生活の収支を合わせる

It's becoming more difficult for middle-class folks to make ends meet in the U.S. of A.

アメリカ合衆国で家計をやりくりしていくのが、中流階級の人たちにとってはいっそう困難になっています。

＊U.S. of A.　アメリカ合衆国

361 make one's mark on the world
この世に名を残す、世の中で成功する

China is definitely the place to be for young people who want to make their mark on the world.

一旗揚げたいと思っている若者にとっては、中国はまさに最適の場所です。

362 mull over

…をあれこれ考える、…を熟考する

After weeks of mulling over whether to accept an assignment to Hanoi, Kevin decided to give his boss a final answer.

ハノイへの転勤を受諾するかどうか数週間じっくり考えた末、ケビンは、上司に最終的な回答を伝えようと決心しました。

363 navigate through

…を通り抜ける

It was very helpful as I navigated through the corporate maze.

それらは、会社内の面倒なことを切り抜けるのに、大いに役立ちました。

＊corporate maze　企業内の迷路［ややこしさ、面倒なこと］

☞ Word Watch

364 lose face

メンツ（面子）を失う、顔がつぶれる、顔に泥を塗る

lose one's dignity before others（他人の前でメンツを失う）という意味で、中国語からの直訳として英語に入ったフレーズの一つ。その反対は save face で「顔が立つ」「メンツを保つ」。

Losing it in front of your colleagues means you lose face.

同僚たちの前で怒りを表に出せば、面目を失うことになります。

＊lose it　かっとなる、自制心を失う

365 make a beeline for

…へ一直線に行く、…に飛んでいく

beeline は「（ミツバチが花粉を得て巣へ帰る時の）最短距離を結ぶ一直線」のこと。そこから、make a beeline for は「（ちゅうちょせず、急ぎ足で）…へ最短コースを行く」という意味のイディオムとして使われる。カラスも一直線に飛ぶと考えられていて、as the crow flies は「直線距離で」という意味。

I make a beeline for my doctor's office every time I have a sniffle.

私は鼻風邪にかかるたびに、かかりつけの医院に一直線に向かいます。

＊have a sniffle　鼻風邪にかかる

> brainは複数形で、have the brains to (…だけの頭脳がある) などとも使われる。たとえば、I don't have the brains to pass the test. (その試験に受かるだけの頭脳がありません) という具合。

366 pick someone's brain
(人) の知恵を借りる

Let me pick your brain for a minute.
ちょっと知恵を貸してほしいのですが。

367 pick up the tab
勘定を払う、費用をもつ

The first person to reach for their mobile phone during the course of the meal has to pick up the tab for everyone.
食事中に、最初に自分の携帯電話に手を伸ばした人が、全員の勘定を払わなければなりません。

368 play it straight
誠実な [正直な] 行動を取る、まじめにやる

My advice is to play it straight in your emails.
私のアドバイスは、メールでは率直な表現を使うということです。

369 prevent someone from
(人) を妨げて…させない、(人) が…するのを止める

The management team has decided to demote Farah, and no sob story will prevent them from acting.
経営陣がファラの降格を決めたからには、泣き言を並べても彼らは決定を撤回しないでしょう。

370 pull off
…をうまくやり遂げる、…をうまくやってのける

I doubt whether I could pull off the same feat.
私に同じことができるか怪しいものです。

＊feat　偉業、芸当

371 pull through

（病気・困難などを）乗り切る、回復する

It's a relief to learn that he's expected to pull through.

彼が回復できる見込みだというので、ひと安心しました。

> 重篤な状態を乗り切った場合によく使う表現。また、会社などがもうダメだという状態から立ち直ったような場合にも、We didn't think the company could pull through but it did.（その会社は危機を乗り越えられないと思っていたが、乗り越えました）などと用いる。

372 put a damper on

…に水を差す、…の妨げになる

Overly strict workplace dress codes put a damper on individuality and self-expression.

職場の服装規定が厳しすぎれば、個性や自己表現を抑え込んでしまいます。

373 put a name to the face

名前と顔が一致する

I've seen you around the office the past few days, so it's nice to finally put a name to the face.

ここ数日、社内であなたを見かけていましたが、やっと名前と顔が一致してよかったですよ。

☞ Word Watch ☜

374 meet face-to-face ▷ No.682

直接会う

ちょっと気取って、「2人だけの密談」「内緒話」といったニュアンスで meet tête-à-tête [téitətéit] と言うこともある。tête-à-tête はフランス語で、訳せば head-to-head ということ。英語では head-to-head は主に head-to-head confrontation [battle, competition] のように使い、「直接対決の」を意味する。face-to-face の代わりに one-on-one, eyeball-to-eyeball を使うこともある。

I preferred meeting face-to-face to using email at that time.

その時はメールを使うより直接会うことを選びました。

put one's house in order

自らの態度を改める、自分の行いを正す

Instead of trying to put their house in order once a year by making New Year's resolutions, they lead a well-examined life.

新年の誓いを立てることで、1年に1度、行いを正そうとするのではなく、彼らは日々熟考し、改善しながら生活しています。

＊well-examined life　よく考えられた生活

> このフレーズには、「身の回りを整理する、仕事を片づける」の意味もある。I want to put my house in order before the operation. は「手術の前に身の回りを整理したい」ということ。

put someone off

（人）に嫌悪感を持たせる、（人）をうんざりさせる

He chewed gum through the whole meeting, which kind of put me off.

彼は打合せの間、ずっとガムをかんでいて、私はちょっと気分を害しました。

put someone's mind at ease

（人）を安心させる

Let me try to put your mind at ease.

あなたを安心させてあげましょう。

put something down to

（物、事）を…のせいにする［おかげだと思う］

I put it down to clean living.

それは、清く正しい生活のおかげだと思います。

> 同じ意味のフレーズにbe a wet blanketがある。I don't want to be a wet blanket, but what if she doesn't come?（水を差したくはないけれど、もし彼女が来なかったらどうするのですか）などと使われる。

rain on someone's parade

（人）の楽しみに水を差す

It's important to ignore naysayers who want to rain on your parade.

人の邪魔をしたがって、いつも反対する人を無視することが重要です。

＊naysayer　（いつも）反対する人

380 raise money
お金を集める、募金する

Silent auctions are often used to raise money at charity events.

サイレント・オークションは、チャリティーイベントの会場で募金のためによく開催されます。

381 recharge one's batteries
(休息して)元気を取り戻す、充電する

We all need some downtime to recharge our psychic batteries.

私たちはだれでも、心の充電をする休息時間が必要なのです。

＊downtime　休息時間、のんびりする時間、ダウンタイム

382 reinvent oneself
再出発する、自己改革する

My conclusion is that if you've got enough skill and drive you can reinvent yourself.

スキルと意欲が十分にあれば再出発できる、というのが私の結論です。

☞ Word Watch ☜

383 not practice what one preaches
人に説教することを自分で実践しない、口先ばかりである

Don't talk the talk if you can't walk the walk.という口語の表現もある。「口で言うのはたやすいけれど、実行は難しい」「実行できないのなら、偉そうなことを言うな」といった意味でよく使う。talk the talk は「言うべきことをきちんと言う」、walk the walk は「すべきことをきちんと実行する」ということ。talk the talk and walk the walk あるいは talk the walk and walk the talk は、「言ったことをきちんと行う」「有言実行」「有能である」といった意味。

The problem is that kids will cotton on to the fact that their parents don't practice what they preach.

問題は、親は子供に説いていることを自分では実行していないという事実に、子供が気づいてしまうことです。

＊cotton on to　…に気づく、…がわかる

384 relocate to ▷No.291
…に移転する、…に転勤する

Next week I'm relocating to San Francisco.

私は来週、サンフランシスコに転勤することになりました。

385 run around like a chicken with its head cut off
あたふたと駆けずり回る

In today's fast-paced, ultracompetitive business world, we're all running around like chickens with their heads cut off.

ペースが速く、非常に競争が激しい今のビジネスの世界では、だれもがあたふたと駆けずり回っています。

386 run up a tab
勘定［付け］をためる、多額の付けをする

You could run up a tab at neighborhood taverns.

地元の酒場では付けをため込むことができたものです。

387 score points
点数を稼ぐ、優位に立つ、好印象を与える

Scoring style points may well help you land that plum job.

身だしなみで点数を稼ぐことは、おそらく、よい仕事に就くための助けになるでしょう。

＊land a job　仕事にありつく

³⁸⁸ screen out

…を(選別して)排除する

To deal with the relentless tide of information, we screen out dated information.

容赦なく押し寄せる情報を処理するために、私たちは古くなった情報を排除してしまうのです。

＊relentless　容赦のない、厳しい

³⁸⁹ settle in

(新しい環境などに)慣れる[落ち着く]

How are you finding life in Manhattan? I hope you've been able to settle in comfortably.

マンハッタンでの生活はどうですか。快適に落ち着くことができているといいのですが。

³⁹⁰ shake one's reputation

評判を払拭する

Many hospitals have been working to shake their reputation for serving unpalatable food.

多くの病院が、まずい食事を出すという評判を払拭するよう努力してきています。

＊unpalatable　(飲食物が)まずい

◆ Word Watch ◆

³⁹¹ play it smart

賢く立ち回る、賢明にふるまう

日本語の「スマート」は「体つきがすらりとしているさま。態度が洗練されているさま」(『岩波国語辞典』)という意味合いで使うことが多いが、英語でも人については「洗練された」といった意味で使われる場合もある。ただ、アメリカ英語では「頭の回転の速い」「頭の切れる」「賢い」という意味も強い。また、play it coolは「冷静にふるまう」、play it safeは「慎重にやる」「安全策を取る」ということ。

He played it smart and convinced his folks to bring their trusted family doctor into the discussion.

彼は賢く動いて、両親を説得し、彼らが信頼しているファミリードクターに話し合いに加わってもらいました。

392 shape up to
…になる、…に発展する

His unfortunate experience underlines how stress is shaping up to be our next national health crisis.

彼の不幸な経験は、いかにストレスが国家的健康問題になりつつあるのかを、はっきりと物語っています。

393 sign on the dotted line
（文書の）点線の上に署名する、署名欄に署名する

Please sign the seminar registration form on the dotted line.

セミナーの参加申込書の点線の上に署名してください。

394 slack off ▷No.546
怠ける、手を抜く

They can't slack off.

彼らは怠けていられません。

> ここでのslackは動詞だが、形容詞としても「ゆるい、シャキッとしていない」などの意味でよく使われる。We are working at a slack pace.は「私たちはだらだらと仕事をしています」、slack bookkeepingは「ずさんな経理」ということ。

395 smart from
…で悩む、…に憤慨する、…で心を痛める

Many hotels that have been smarting from the economic downturn are offering cheaper rates in exchange for reduced housekeeping service.

景気後退に悩まされ続けている多くのホテルは、清掃サービスを減らすことと引き換えに、宿泊料金を安くしています。

＊economic downturn　景気後退　▷No.677

396 stand up for oneself
自分（の意見）を擁護する、自己主張する

A good mentor can teach you how to stand up for yourself.

よいメンターは、自己主張する方法を教えてくれます。

397 stay constantly connected with
…と常時接続している

Like many people these days, I use technology to stay constantly connected with my friends.

最近の多くの人たちと同様に、私も、友人と常時接続するために、テクノロジーを利用しています。

398 stay out of the loop
中心グループ［人の輪］から外れている

By staying out of the loop in your own private world, you lose out on an important part of your career development.

仲間から離れて自分だけの世界にこもってばかりいると、キャリアを伸ばすうえで重要なものを逃すことになります。

＊lose out on 　…を逃す、…を取り損なう

399 stay wired
コンピュータネットワークに接続している

People who stay wired all the time run the risk of damaging their relationships with family and friends in the real world.

いつもコンピュータネットワークに接続している人は、現実世界の家族や友人との関係を損ねてしまう危険を冒しています。

＊run the risk of 　…の危険がある［を冒す］　▷No.207

Word Watch

400 put a firewall between . . . and . . .
…と…をきちんと分離する

firewallは「防火壁」のことで、インターネット用語としては「社内ネットワークを不法侵入から保護するシステム」の意味で使われる。一般的には「物事をきちんと分けるために用いる仮想の壁」のこと。

She's pretty strict about putting a firewall between family time and working time.

彼女は、家庭の時間と仕事の時間を分けることには、かなり厳格です。

401
stick with
…を続ける

Joining a gym gave me the incentive to stick with a good, solid exercise regime.

ジムに入会したおかげで、信頼できるよい運動健康法を一つ続けていこうという気に私はなりました。

＊incentive to　…しようという意欲［動機］

402
stifle one's yawn
あくびを抑える

I try my best to stifle my yawns.

私は何とかしてあくびを抑えようとしています。

403
stir up
…をかきたてる

How can we stir up more interest in the company softball team?

社内のソフトボール部への興味をもっとかきたてるには、どうしたらよいでしょう。

404
strike someone as
（人）に…という感じ［印象］を与える

Bob has always struck me as a forward-looking person.

ボブは前向きな人だという印象を、私はずっと抱いていました。

＊forward-looking　前向きな、進歩的な、先見性のある

405
strike up a conversation
会話を始める、話し出す

I feel painfully awkward when trying to strike up a conversation.

私は会話を始めようとすると、非常に気詰まりな思いをしてしまいます。

406 subscribe to

…を定期購読する

I've stopped subscribing to the daily paper.

私は日刊紙の定期購読をやめてしまいました。

407 suffer a setback

挫折する、妨げられる

My creativity definitely suffered a setback.

私の創造力が挫折したのは確かです。

> setbackの前に形容詞をつけて、挫折や失敗の大きさや深刻さを表すことがある。たとえばsuffer a major setbackは「大きな挫折を経験する、大失敗する」、suffer a crucial setbackは「決定的な打撃を被る、惨敗を喫する」、suffer a minor setbackは「ちょっとした挫折を経験する」といった具合になる。The company suffered a major setback, but we came out ahead in the end.（社は大きな挫折を経験したが、最後には競合会社よりもよいポジションを獲得しました）などと使う。

408 take a break from

…をひと休みする、…を中断して休憩を取る

Take a break from work and go out to have lunch.

仕事をひと休みして、外にランチを食べに行ってらっしゃい。

409 take a leave of absence

休暇を取る、休職する

I've decided to take a leave of absence from work.

私は休職することにしました。

Word Watch

410 raise eyebrows

驚かせる、びっくりさせる

両方または片方の眉を上げたり、ひそめたりする表情から、軽蔑、驚き、疑惑などを表す。

One big Web portal operator raised eyebrows in the business world recently.

大手ポータルサイト運営会社の一つが最近、ビジネス界を驚かせました。

411 take advantage of
…を利用［活用］する

We plan to take advantage of the break and visit my parents in Vancouver.

私たちはこの休みを利用して、バンクーバーにいる私の両親を訪ねるつもりでいます。

412 take credit for
…を自分の手柄にする

He was always quick to take credit for other people's work.

彼は、いつだってほかの人の仕事をすぐに自分の手柄にする人でした。

413 take on
…を引き受ける、…に挑戦する

I'm very excited about taking on this new challenge.

この新たなチャレンジに取り組むのだと思うと、とてもエキサイトしています。

414 take something the wrong way
（発言など）を誤解［勘違い］する

People can easily take emails the wrong way.

メールは、その内容を間違って受け取られやすいものです。

> 値段交渉などでも値切りすぎたために商談がまとまらなかったら、I took it too far. と言うことがある。こういう場合は、「(手を打てばよかったのに)調子に乗りすぎた」という感じ。

415 take something too far
（物事）を度を超して行う、…をやりすぎる

I think sometimes you can take humor too far.

時にはユーモアが度を超えてしまうこともあるでしょう。

416 talk dollars and cents

お金の話をする

The rule of thumb is that it's the interviewer who should first talk dollars and cents.

一般的には、面接者のほうが最初にお金の話を持ち出すものです。

＊rule of thumb　（経験から）一般的にいえること、経験則、一般則　▷No.745

417 tell off

…をしかりつける、…を非難する

You don't want to wind up in court for telling off your boss.

上司を非難したがために法廷に立つ、などということにはなりたくないでしょう。

＊wind up　結局…になる、…に行き着く

418 throw curveballs

意表をつく

The real world has a sneaky way of throwing curveballs at you.

実社会では、一筋縄ではいかないこともあります。

Word Watch

419 rub someone the wrong way

(人) の気に障ることを言う [する]、(人) の神経を逆なでする

猫などを逆なですると怒るところに由来した表現。その反対の rub someone the right way は「(人) の機嫌を取る」「(人) を喜ばせる [なだめる]」という意味になる。

I worry about rubbing people the wrong way if I take them to task for something.

何かのことで人を批判すれば、その人を怒らせるのではないかと心配になります。

＊take someone to task for　…のことで (人) を非難する

420 top the list
第1位である、トップになる

The weather probably tops the list of standard topics.

天気が、おそらくお決まりの話題の代表でしょう。

421 translate into
（結果的に）…になる、…に変わる

I'm afraid to ask how many extra pounds 365 cookies would translate into on my body.

365個のクッキーを食べたらどれだけ体重が増えるかなんて、怖くて聞けません。

> 例文は「食べたクッキーが体重に変換される」というイメージ。このtranslateは自動詞だが、他動詞としてOur company has to translate desires into reality.（わが社は、望んでいることを現実のものに変えなくてはなりません）などとも使われる。

422 treat oneself to
…を楽しむ、…を（奮発して）買う

People who live in the country can treat themselves to a weekend in the big city.

田舎に住んでいる人は、大都市で週末を楽しむことができます。

423 turn one's nose up
嫌がる、軽蔑する

She just turns her nose up whenever I try to serve natto to her.

彼女に納豆を出そうとすると、決まって嫌がります。

> 「…を軽蔑する」と言う場合には、turn one's nose up atとatをつける。He turns his nose up at less-educated people.（彼は教育レベルが高くない人を軽蔑しています）という具合。

424 turn over a new leaf
心を入れ替える、心機一転する

That's why I turned over a new leaf a few years back.

それは、私が数年前に心を入れ替えた理由です。

425 verge on ▷ No.465

今にも…になろうとしている、ほとんど…である

He gave me a puzzled look, verging on angry.

彼は、今にも怒りだしそうな戸惑った顔で私を見ました。

426 wake up and smell the coffee

目を覚まして現実を見る

It was time for them to wake up and smell the coffee.

彼らにとっては、それは目を覚まして現実を見るべき時だったのです。

Word Watch

427 stick one's nose in

…に干渉する、…に首を突っ込む

nose は「詮索」「おせっかいな好奇心」「口出し」のシンボルとされている（a symbol of prying or meddling curiosity or interference）。また nosy は口語の形容詞で、「詮索好きな」「おせっかいな」「好奇心の強い」という意味。

There's the kind of boss who sticks his or her nose in everything.

どんなことにも干渉してくるタイプの上司がいます。

428 take one's hat off to

（比喩的に）…に脱帽する

「脱帽して（人）に敬意を表する」ということ。raise [tip] one's hat は「帽子を少し上げてあいさつする」という意味。

I take my hat off to you, sir.

あなたには脱帽です。

429 wean oneself from

（徐々に）…をやめる、…への依存から脱する

Some students have managed to wean themselves from their devices and are now getting better grades.

何人かの学生は、機器への依存から何とか脱することができて、今では成績も向上しています。

430 weigh someone down

（人）を悩ませる、（人）の重荷になる、（人）に重くのしかかる

In these uncertain economic times, big-ticket items are seen as things that can weigh you down financially.

経済が不安定な今の時代では、高額商品は、金銭的な重荷になりかねないものと見なされています。

* uncertain economic times　経済が不安定な時代、景気の先行きが不透明な時
* big-ticket item　高額商品　▷No.630

> work off は「体を動かして発散させる」イメージの表現。ストレスだけではなく、たとえば怒りについてなら、I worked off my anger by running around the park.（私は、その公園の周りを走って怒りを発散させました）などと言う。

431 work off stress

ストレスを解消する［発散させる］

Regular exercise is a great way to work off stress.

定期的な運動は、ストレスを解消するとてもいい方法です。

☞ Word Watch

432 take the bull by the horns

敢然と難局に立ち向かう

闘牛士が角をつかんで牛を押さえ込むところからの比喩で、「自ら先に立って危険に立ち向かう」という意味で使われる。また、アメリカの西部で焼き印を押すためなどに、牛の角をつかみ、首をひねって倒す bulldogging というやり方に由来する、という説もある。

I know I've got to take the bull by the horns and meet these new challenges head on.

困難なことにも敢然と立ち向かい、こうした新たなチャレンジに真正面から取り組まなければならないのですね。

* meet a new challenge head on　新たな難題に真正面から取り組む　▷No.237

433 alive and well
今でも存続して、生き残って、健在で

The spirit of giving may be alive and well in America.

アメリカでは、与える精神というものが今もしっかり生きているのかもしれません。

434 all the rage
大流行して、ブームになって

Now that texting is all the rage, many people seem to have hung up on voice calls.

今では携帯メールがブームで、多くの人が音声通話をやめてしまったようです。

* texting　携帯メール（を送ること）
* hang up on　…に見切りをつける、…をやめる

> 「今、みんなが夢中になっている。ただし、これから先どうなるかはわからないけれど」という感じの表現。

435 all too often
あまりにも頻繁に、大抵は

All too often, one lie leads to another and yet another.

大抵は、一つのうそが次々とうそを生むのです。

> 反対の表現としてはseldomが挙げられる。I seldom drink.（私はめったにお酒を飲みません）というように使う。

Word Watch

436 in someone's shoes　▷ No.070
（人）の立場になって

「立場」の意味で慣用句的に shoes を使うことがよくある。put oneself in someone's shoes は「（人）の立場に身を置く」、fill someone's shoes は「（人）の責任［役目］を引き継ぐ」「（人）の後釜に座る」ということ。

I'm glad I wasn't in your shoes.

それが私の身に起こったことでなくてよかったですよ。

437 along with
…と一緒に、…に加えて

Ken got a company car along with a big pay increase after being named a corporate officer.

ケンは、会社役員に任命されたあと、大幅な昇給と同時に社用車を得ました。

438 as opposed to
…とは対照的に、…より(むしろ)、…ではなく

Young consumers are especially attracted to the idea of renting as opposed to ownership.

若い消費者は特に、所有することよりレンタルすることに引かれています。

439 at a fraction of
…のごく一部で、…の何分の一かで

There are coupons that allow us to buy goods at a fraction of the regular price or even for free.

定価の何分の一かの値段で、あるいは無料でも商品を手に入れられるクーポンがあります。

440 at all costs
どんな犠牲を払っても、どんなことがあっても

He avoids eye contact at all costs.

彼はどんなことがあっても目と目を合わせようとしません。

441 at the end of the day
結局のところ

At the end of the day, I'm still an introvert.

結局のところ、私はやはり内向的な人間です。

442 at the risk of

…を覚悟のうえで、…をする（ことになる）かもしれないが

At the risk of hogging the conversation, I'm reminded of the various pieces of advice my mom used to give me.

会話を独り占めすることになるかもしれませんが、母がアドバイスしてくれたいろいろなことを思い出します。

＊hog　独り占めする

443 back in the day

ずっと前は、昔は

Back in the day, most companies really didn't give CSR much thought.

昔はほとんどの企業が、CSRのことをあまり考慮していませんでした。

> 「漠然とした昔」の場合は単数形のdayがきて、He was an avid skier back in the day.（昔は彼は熱心なスキーヤーだった）のようになるが、時代や時期が明確なら、back in the days before the Internet, ...（インターネット以前の時代は…）のように、daysと複数形になる。

444 (be) subject to

…の支配を受けて（いる）、…に左右されて（いる）

You're a human being, after all, subject to emotions like everybody else.

あなたも結局は人間ですから、ほかのみんなと同じように、感情に左右されるのです。

☞ **Word Watch** ☜

445 out of the blue

突然、不意に

a bolt out of the blue を略した形。bolt は「稲妻」の意で、「晴れ渡った青空から突然の稲妻」で「青天の霹靂」のこと。

It feels strange that someone would call out of the blue with no emailed notice that they're going to phone me.

これから電話する、というメールもないのに、だれかから突然電話がかかってくるのは、奇妙に感じられます。

446 behind someone's back

(人)の見ていないところで

George is so pompous at staff meetings that people laugh at him behind his back.

ジョージはスタッフ・ミーティングで非常に偉そうに振る舞うので、皆、陰では笑っています。

> betweenを使った表現には、between relationshipsもある。これは「付き合っていた人[結婚相手]と別れたあと、まだ次の人が見つかっていない状態」のこと。I'm divorced.(離婚しています)よりも、I'm between relationships.のほうがネガティブな感じがない。

447 better still

もっといいのは

Reread your resignation letter, or better still, have a trusted friend or family member check it.

退職願の手紙は読み返さなくてはなりませんが、もっといいのは、信頼できる友人や家族にチェックしてもらうことです。

448 between jobs ▷ No.454

失業中で[に]

He said he was between jobs and realized the need to make a good impression on potential employers.

彼の話では、将来の雇用主になるかもしれない人にいい印象を与えなければならないことを、失業中に実感したそうです。

＊potential employer　将来雇用主になる可能性のある人

449 cover to cover

最初から最後まで、全部

I read the book cover to cover.

私はその本を最初から最後まで読みました。

450 deep down

内心は、心の底では

I think deep down Jeremy was scared about losing his job.

ジェレミーは、内心は職を失うのが怖かったのでしょう。

451 down the line ▷No.592

将来(いつか)、これから先

Due to climate change, I see no relief from water shortages for decades down the line.

気候変動のため、この先何十年間も水不足の不安は解消しないと思います。

452 full of vim and vigor

元気いっぱいで、活力に満ちて

Telecommuters can start work full of vim and vigor instead of being burned out from a long commute to the office.

在宅勤務者は、長時間通勤で疲れ切ってしまうことなく、精力的に仕事に取りかかることができます。

453 if it's any consolation

少しでも慰めになるといいのだが、慰めになるかわからないが

If it's any consolation, as hotels phase out bathtubs, their showers are becoming more luxurious and spacious.

慰めになるかわかりませんが、ホテルがバスタブを段階的に減らしている一方で、シャワーがより高級でスペースを取るようになってきています。

> このひと言は、がっかりしている人や残念がっている人に対してよく用いる。if it's any comfort(少しでも慰めになるならば)という言い回しもあるが、こちらは、ダメージを受けて、癒やしが必要な人に対して言うのが一般的。

🍃 Word Watch 🍃

454 out of work

失業して

「職にあぶれて」「失業中で」という意味。婉曲的には、between jobs (▷No.448) とも言う。この表現には、「次の仕事が見つかるまでの仕事と仕事の合間」のニュアンスがある。また、「失業中で[の]」を意味する語としては、unemployed, jobless, free, available などがある。

I have been out of work for one year.

私は1年間失業しています。

455. in a sense

ある意味では

In a sense, internships are a kind of a modern-day version of the old apprenticeship concept.

ある意味で、インターンシップの考え方は、昔の徒弟制度の現代版のようなところがあります。

456. in exchange for

…と引き換えに、…の見返りに

I've always been a firm believer in giving children an allowance in exchange for doing chores.

家事をしたことに対して、子供に小遣いをあげるのはいいことだと、私はずっと固く信じてきました。

*give someone an allowance　（人）に小遣いをあげる

457. in the hope

…ということを望んで [期待して]

Companies choose interns in the hope they'll eventually become full-time employees.

インターンがいずれはフルタイムの従業員になることを期待して、企業はインターンを選びます。

458. in the midst of

…のさなかで、…の真っただ中で

This pay cut is a serious blow to my finances in the midst of the current inflationary spiral.

今のインフレ・スパイラルのさなかで、この賃金カットは私の家計には深刻な打撃です。

⁴⁵⁹ in turn

順に、今度は

I'll take your night shift if, in turn, you take my morning shift.

私の早朝勤務を代わってくれるのなら、あなたの深夜勤務を代わってあげましょう。

⁴⁶⁰ mind you

（念のために）言っておくが、でもね

Mind you, I'm not saying people should be allowed to come to work wearing jeans and tie-dye T-shirts.

断っておきますが、私は、ジーンズと絞り染めのTシャツ姿で職場に来ることは認められるべきだ、と言っているわけではありません。

> 言い方次第では強くてきつい感じを与えるので、やわらかく言ったほうがいいフレーズ。「誤解しないで聞いてください、わかっているとは思いますが」というニュアンスだ。

⁴⁶¹ not for love or money

どうしても［絶対に］…ない

I can't sleep on a plane for love or money.

私は機上ではどうしても眠れません。

☞ Word Watch ☜

⁴⁶² right off the bat

すぐに、ただちに

野球用語から一般的に使われるようになった口語表現の一つ。batを使った口語のフレーズにgo to bat forがある。これは「…の代打に立つ」ことから、「（人）を弁護する［かばう］」「（計画など）を支持する」の意。

It is important that staff know how to make a good impression on customers right off the bat.

お客にすぐにいい印象を与える方法をスタッフが知っていることが重要です。

463 on company time

勤務時間中に

The employee was suspended for soliciting political donations from coworkers on company time.

その社員は勤務時間中に、同僚に政治献金を要請して停職処分になりました。

464 on the road ▷ No.741

旅行中で、出張中で

It's great to be back after two weeks on the road.

2週間の出張から帰ってこられてうれしいですよね。

465 on the verge of ▷ No.425

…をしかけて、…の直前で

Sheila's on the verge of firing Irene for ignoring orders.

業務命令を無視したことで、シーラはアイリーンをクビにしようとしています。

466 out of fashion

時代遅れで

Marriage is one institution that never goes out of fashion.

結婚は決して廃れることのない一つの制度です。

467 over the course of

…の間に、…にわたって

How do you maintain that passion over the course of your career?

あなたは、そうした情熱を、働いていく中でどうやって維持しているのですか。

ⓠ straight out

率直に、はっきりと

I'm telling you straight out that every day's deadline is yesterday.

率直に言いますが、その日の仕事の締め切りというのは、いつだってすぐにということです。

ⓡ to level with you

正直[率直]に言って、正直なところ

To level with you, people will find it a bit strange if you come off like the weatherman.

正直なところ、あなたがお天気キャスターのように話すと、ちょっと変な感じがしますよ。

＊come off （…のように）見える[振る舞う]

◢ Word Watch ◣

ⓢ through the mill

苦しい経験をして、試練を受けて、鍛えられて

mill は「粉ひき場」「製粉所」のこと。「（水車場の石うすでひきつぶされる穀物のように）つらい目に遭って」という意味。

They've been through the proverbial mill.

彼らは、いってみれば、試練に耐えて鍛えられたのです。

ⓣ with one's nose to the grindstone

一生懸命働いて

grindstone は「（研磨・研削用の）丸砥石」のこと。「砥石に鼻をくっつけて」というところから、「休まずこつこつ働いて[勉強して]」という意味のフレーズ。

It's hard to imagine my dad being happy without his nose to the grindstone.

一生懸命働いていなくても幸せでいる父の姿を想像するのは難しいです。

472 to make a long story short
手短に言えば、早い話が

To make a long story short, the doctor persuaded my parents to put certain limits on their driving.

早い話が、この医師が両親に、運転に一定の制限を設けるよう説得してくれました。

473 to this day
今でも、今日に至るまで

To this day I think he was the best boss I ever had.

今でも、彼がこれまでで最高の上司だったと私は思っています。

474 when the muse strikes
霊感 [インスピレーション] が湧いた時

I've always assumed that creativity is something that happens when the muse strikes.

創造力というのは、インスピレーションが湧いた時に偶然出てくるものだと、私はずっと思っていました。

475 you name a subject
どんな話題でも

You name a subject, they can make small talk about it: the weather, drinks, animals.

雑談ではどんな話題についても、彼らは話ができるのですね、天気についても、飲み物や動物についても。

476 can't take it any longer

これ以上耐えられない、もう我慢できない

They get to the point where they simply can't take it any longer.

彼らは、もうこれ以上耐えられないところまできています。

477 Heaven help me if

もし…なら、私は大変なことになるだろう。

Heaven help me if I commit the unpardonable sin of taking a business call on my mobile while having dinner with the family.

家族とディナーを食べている時に、携帯にかかってきた仕事関係の電話に出る、などという許しがたい罪を犯したら、私は大変なことになるでしょう。

＊unpardonable sin　許しがたい罪

Word Watch

478 It's a whole new ballgame.

まったく新しい状況だ。今までとは別世界である。

ballgame は「球技」だが、アメリカでは特に「野球」を指す。野球用語から一般的に使われるようになった ballpark figure は「大まかな数」「概算」の意味。in the ballpark は「概算で」「予想の範囲内で」ということ。

Everybody seems to be sharing everything, online and offline. It's a whole new ballgame.

オンラインでもオフラインでも、あらゆる人があらゆるものを共有しているように思えます。状況が一変しているのです。

479 it's dollars to donuts (that)

…ということは確実である

同じ意味で it's ten to one も使う。「10 対 1」ということで、肯定文では「九分九厘…である」、否定文および否定的文脈では「…であることはまずありえない」の意を表す。dollars という「価値のあるもの」と「価値のない」donuts（ドーナツ）との比較。donuts は doughnuts ともつづる。

If you don't start changing your life right here and now, it's dollars to donuts you won't do it next week.

今すぐに自分の生活を変え始めないのなら、翌週になっても変え始めないのは確実です。

480 I can't believe my ears!

耳を疑ってしまう。信じられない。

I couldn't believe my ears when I heard that little Rick had grown up to be president of a blue-chip company.

リック坊やが成長して一流企業の社長になったなんて、信じられませんでした。

＊blue-chip 一流の

481 I wouldn't be surprised if

…だとしても驚かない [何の不思議もない]

I wouldn't be surprised if there's a direct link between the growing use of sugar and the rise in obesity.

糖の使用量の増加と肥満の増加との間に直接的な関係があるとしても、私は驚きません。

482 I'll bet.

きっと。そのとおり。

How was Columbus? A bit of a change from New York, I'll bet.

コロンバスはどうでしたか。ニューヨークとはちょっと違っていたでしょう、きっと。

483 It wasn't your day.

あなたにとってついていない日だった。

It's not like you to make such a mistake. It obviously wasn't your day.

そんな間違いをするなんて、あなたらしくありません。あなたにとって、明らかについていない日だったのですね。

484 It's no picnic.

楽しいどころではない。とても大変だ。

From what I've heard, the job market is pretty tight. It's no picnic.

私の聞いたところでは、雇用情勢は厳しい状況のようです。大変なのです。

---

be no picnicは「難しい、楽しくない」という意味。a bowl of cherries（ボウルいっぱいのチェリー）という表現も、通常否定文で、It's not a bowl of cherries.（楽しいことばかりではありません）のように用いられる。

485 many's the time

…する時が何度もある

Many's the time I've had to wait in line for ages at the bank because there's only one teller on duty.

銀行で、窓口には担当者が1人しかいなくて、長時間、列に並んで待たされた、ということが何度もあります。

＊teller　出納係、窓口係

486 That's a new one on me.

それは初耳ですね。

The "diet by slogans" method? That's a new one on me.

「スローガンによるダイエット」法ですか。それは初耳ですね。

487 the story is that

…という話がある

The story is that the tavern used to be one of Al Capone's hangouts.

その酒場は、アル・カポネの行きつけの店の一つだったという話があるのです。

☞ Word Watch ☜

488 The days when . . . are long gone.

…の時代は遠い昔のことである [はるか昔に過ぎ去った]。

倒置文にして Long gone are the days when . . . ともいう。Those days are gone forever. は、「あ あいう時代はもう来ない」「昔はよかった」という意味でよく使う。

The days when all a reporter needed was a pencil, a notebook and a typewriter are long gone.

記者には鉛筆とメモ帳とタイプライターさえあればよかったという時代は、遠い昔のことです。

489 What do you make of . . . ?

…をどう思いますか。

What do you make of this email from Tony about our new 5 a.m. start time?

私たちの始業時間が午前5時に変更になるという、トニーからのこのメールをどう思いますか。

> What do you think of . . . ? も同じ意味だが、What do you make of . . . ? は「どう解釈していいのだろう」と、不思議だったり理解できなかったりする時によく使われる。

490 Your presence will be greatly missed.

あなたがいないととても寂しくなるだろう。

I know I speak for all of us when I say that your presence will be greatly missed.

みんなを代表して言うのですが、あなたがいなくなると、とても寂しく思うでしょう。

第4章

アフターファイブの付き合いなどで

491 ☞ 620

> 1日の仕事が終わったあと、同僚や業務提携先の担当者などと食事をするような場面で使えそうな表現をまとめました。職場の近くに開店したレストランのこと、最新の3Dプリンターの話題から夏休みの旅行先の話題まで、幅広いテーマについて語るには、豊富なフレーズの蓄積がものを言います。

491 add one's two cents' worth
自分の意見を言う、口を挟む

Mind if I butt in and add my two cents' worth to this discussion?

私が口出しして、この話に意見を差し挟んでもいいですか。

＊butt in　口出しする、口を挟む

492 ask for trouble
自ら災いを招く（ようなことをする）

Stephanie is just asking for trouble when she makes those wisecracks about her boss.

上司をあんなふうに皮肉っていては、ステファニーは自ら災いを招いているだけです。

> 「不器用だ」という表現は、ほかにclumsy, fumbling, butter-fingeredなどがある。He has butterfingers.は「彼はよく物を落とします」ということ。

493 be all thumbs
不器用である

I'm all thumbs, and I find it irksome to type messages on the tiny keys of a mobile phone.

私は不器用なので、携帯電話の小さなキーでメッセージを打ち込むのはいらいらします。

＊irksome　いらだたせる、うんざりさせる

494 be at a loss
途方に暮れている、当惑している

I'm the kind of person who's at a loss when trying to figure out how much to tip at restaurants and hotels.

私は、レストランやホテルでチップをいくらにするか考えているうちに、途方に暮れてしまうタイプの人間です。

> 「ことばもないほど驚いている」という時に、I'm at a loss for words.（何と申し上げていいかわかりません）のひと言をよく使う。これは、よい時にも悪い時にも用いられるフレーズ。

＊figure out　…を計算する、…がわかる、（答えなど）を見つける、（問題など）を解決する　▷No.029

⑤ be better off

もっとよい状態になる

Sometimes I think I'd be better off ordering from the children's menu at restaurants.

私は時々レストランで、お子様メニューから注文したほうが賢明かなと思うことがあります。

⑥ be bowled over ▷ No.290

びっくりしている、圧倒されている

I'm quite bowled over at receiving this award.

この賞をいただいたのには、私はとてもびっくりしています。

⑦ be captivated by

> be enchanted by と言い換えることができる。

…に魅了される、…に心を奪われる

My 12-year-old sister recently downloaded *Little Women* gratis and was utterly captivated by it.

12歳の妹は、最近『若草物語』を無料でダウンロードして、すっかり魅了されました。

＊gratis　無料で、ただで

Word Watch

⑧ be a pest

手を焼かせる、相手を困らせる

pest は危険な感染症の「ペスト」から、「（庭木などに害を与えたり病原菌を運んだりする）害虫（garden pest, insect pest）」を意味する。

If you don't receive a response after sending an email, don't be a pest.

メールを送ったのに返事が来ないからといって、そのメールの相手を困らせてはいけません。

499 be disillusioned
幻滅を感じる

After three divorces, I have to say I'm disillusioned about married life.

離婚を3回経験した私は、結婚生活に幻滅していると言わざるをえません。

500 be drawn to
…に引きつけられる

Kids are drawn to e-readers, just like they are with any new electronic gizmo.

あらゆる新しい電子機器と同様に、子供たちは電子書籍リーダーに引きつけられています。

＊electronic gizmo　（小さな）電子機器

501 be dying to
…したくてたまらない、ぜひ…したい

I'm dying to hear about your family vacation in exotic Bhutan.

エキゾチックなブータンでの家族旅行の話を、ぜひお聞きしたいですね。

＊exotic　異国情緒の、エキゾチックな

502 be full of oneself
うぬぼれが強い、利己的である

Young people are often a little full of themselves.

若い人は大抵、いくらかうぬぼれが強いものです。

> eyes are glued to は「…をじっと見つめている」、ears are glued to は「…に耳をそばだてている」ということ。

503 (be) glued to the screen
画面 [スクリーン] にくぎづけになって (いる)

Kids spend too much time glued to the screen.

子供たちは、画面にくぎづけになっている時間が長すぎます。

504 **be hard on someone**

（人）に厳しい、（人）につらく当たる

Aren't you being a bit hard on yourself?

あなたは自分に少し厳しいのではありませんか。

505 **be in agony**

苦しみもだえている

I was in agony as I suddenly felt an intense pain in my lower back.

急に腰のあたりに激痛がして、苦しくてたまりませんでした。

506 **be in no hurry to**

…する気がしない、…したくない

I'm in no hurry to get to a promised land where all books are e-books.

私は、すべての書籍が電子書籍に移行した約束の地へは行く気がしません。

＊promised land （幸せになれるだろうと思える理想の場所や状況を指して）約束の地

Word Watch

507 **be hospitalized**

入院する

phrasal verb を使って go into (the) hospital とも言える。「退院する」は leave (the) hospital や be released from (the) hospital と表す。通常、いずれの場合もアメリカ用法では定冠詞の the をつけるが、イギリスでは無冠詞となる。また、米国の大病院は普通は入院治療が中心で、風邪を引いた時などにまず診察を受けに行くのは clinic（診療所）や GP（general practitioner ＝ 開業医）である。

I didn't know you'd been hospitalized.

あなたが入院していたとは知りませんでした。

508 be indebted to
…に恩を受けている、…に感謝している

I'm indebted to you for correcting that lifelong mistake of mine.

私の長年のこの間違いを直してくれて、感謝しています。

509 be into
…に夢中になっている、…に熱中している

I was really into badminton when I was a kid.

私は子供のころ、バドミントンにすっかり夢中になっていました。

510 be jazzed about
…のことでワクワクしている

I bet you're jazzed about your new role as a marketer.

きっとあなたは、マーケティング担当という新しい任務にワクワクしているでしょう。

511 be laid up
（病気やけがで）寝込んでいる

I was laid up for two days.

私は2日間寝ていました。

512 be obsessed with
…にとりつかれる [とらわれる]

I used to be obsessed with improving my performance on the weightlifting machines at the gym.

ジムでウエイトリフティングマシンの成績を上げることに、私はかつてとりつかれていました。

⑤⑬ be stuck with

…を抱えている、…をなくすことができない

I thought once you're past a certain age, you're basically stuck with your accent.

ある年齢を過ぎると、基本的になまりは取れないものだと、私は思っていました。

⑤⑭ be tethered to

…につながれている、…につながっている、…に束縛されている

I've had a hard time trying to explain to my wife why I always seem to be tethered to the Internet.

私がいつもインターネットに束縛されているように見える理由を、妻に説明しようとして、ひと苦労でした。

⑤⑮ be tired of

…にうんざりしている、…が嫌になっている、…にほとほと疲れている

Mario was tired of the whispers and innuendoes about his alleged Mafia links.

マリオは、自分とマフィアとのつながりを疑う陰口や当てこすりにうんざりしていました。

☞ Word Watch ☜

⑤⑯ cost a fortune

大金がかかる、値がとても高い

a fortune の代わりに a small fortune も使う。small とあっても意味は同じで、「かなりの大金」「一財産」のこと。a pretty penny も同様に「大金」（a large sum of money）のこと。

They're spending their money on things like beauty products and wine, which give them immediate gratification and don't cost a fortune.

彼らはただちに満足が得られ、それほど値の張らない、美容製品やワインにお金を使っています。

＊immediate gratification　すぐ得られる満足

517 be turned off by

…にうんざりする、…が嫌い[だめ]である

Many people are turned off by the gooey stringiness and musky odor of natto.

納豆のねばねばと糸を引くことと、麝香のようなにおいがだめだ、という人が多いですね。

* gooey stringiness　ねばねばと糸を引くこと
* musky odor　麝香のようなにおい

> turn onは「…の興味を起こさせる、…をワクワクさせる、…にとってグッとくる」ということ。He turned me on to classical music.（彼は、クラシック音楽に対する興味を私に起こさせました）などと使う。また、名詞のturn-offは、His attitude is such a turn-off.（彼の態度には本当にうんざりさせられます）のようにも用いられる。

518 blow off

…をすっぽかす

Some people are blowing off appointments with cursory text messages.

ぞんざいな携帯メールをよこすだけで、約束をすっぽかす人がいます。

* cursory　急ぎの、大ざっぱな、ぞんざいな、いいかげんな

519 blush to remember

思い出すと赤面する

I blush to remember how cocky I was.

いかに自分がうぬぼれていたのかを思い出すと赤面します。

520 bond with

…ときずなを結ぶ、…とのきずなを深める

The year-end office party is a time to bond with colleagues and superiors.

年末のオフィスパーティーは、同僚や上司とのきずなを深めるひとときです。

521 call some place home

…に居を構える、…に住む

Many actors and musicians who work in nearby Broadway theaters and restaurants call it home.

近くのブロードウェイの劇場やレストランを仕事場にしている、多くの俳優やミュージシャンが、そこに住んでいます。

522 chill out

のんびり過ごす、リラックスする

He got his big idea when he was chilling out in Hawaii.

彼が重要なアイデアを得たのは、ハワイでのんびりしている時でした。

523 come away with

(感情・印象など) を抱く [抱いて去る]

I'm sure your friends came away with an excellent impression of New York.

きっとお友達は、ニューヨークにすばらしい印象を持ったことでしょう。

✍ Word Watch ✍

524 get up on [get out of] the wrong side of the bed

機嫌が悪い

「ベッドの反対側から起きる」ということ。ベッドに入った時と同じ側から起きるのがいいとされているので、そうしなかった時には、start the day off on the right foot（いい1日のスタートを切る）ということにならない。特別な理由もなく機嫌が悪い時の言い訳などによく使う。

It's better not to talk to him today. He got up on the wrong side of the bed.

きょうは、彼に話しかけないほうがいいですよ。朝から機嫌が悪いのです。

525 come in handy
役に立つ、重宝する

My background in business really came in handy.
私のビジネスの経験が本当に役に立ちました。

526 come out of one's shell
自分の殻から抜け出す[殻を破る]、打ち解ける

I just can't seem to come out of my shell.
私は自分の殻から抜け出せないようなのです。

527 cross someone's path
出会う、遭遇する

One more interesting bit of data crossed my path recently.
もう一つのおもしろいデータに、私は最近出くわしました。

528 cut someone some slack
(人のこと)を少し大目に見る

Cut Barry some slack, Phil. A new guy's going to overstep some bounds, no matter how careful he is.
バリーのことは少し大目に見てあげなさいよ、フィル。どんなに気をつけていても、新人は行きすぎたことをしてしまうものですから。

529 do a number on
…を傷つける、…をめちゃめちゃにする、…を台なしにする

Packaging, freezing, drying and storage can do a number on flavor.
包装や冷凍、乾燥、保存をすることによって、味が落ちてしまうことがあります。

530 drive someone up the wall
(人) を激怒させる、(人) をひどくうんざり [いらいら] させる

Those clichéd expressions drive me up the wall.

そうした陳腐な表現に、私はたまらないほどうんざりしています。

531 eat up someone's time
(人) の時間を食う

She's complained about how social media is eating up so much of my time.

私の時間のかなりの部分がソーシャルメディアにとられていることに対して、彼女は不満をもっていました。

☞ Word Watch ☜

532 have a whale of a time
とても楽しいひとときを過ごす

地球上最大の生物「クジラ」のように「途方もなく大きな」という意味合いで使う。1910年ごろからのアメリカの口語用法とされる。

Everyone in the office had a whale of a time dyeing the shirts and handing them out to a lot of very happy kids.

会社のみんなでシャツを染めて、それを配ったのですが、大勢の子供たちがとても喜んでくれて、私たちは非常に楽しいひとときを過ごしました。

533 have hard feelings
恨み [わだかまり] を持つ

hard feelings (複) は「悪感情」の意味で、No hard feelings. と言えば「悪く思わないでください」「悪気があったわけではないので」ということ。

If we don't invite them, they may feel left out and have hard feelings.

彼らを招待しなければ、彼らはのけ者にされた気がして、わだかまりを持つかもしれません。

＊feel left out　疎外感を覚える、のけ者 [仲間外れ] にされた気がする

534 fall for

…にだまされる、…に引っ掛かる

I fell for your prank hook, line and sinker.

あなたのいたずらに、私は完全に引っ掛かりましたよ。

* prank　いたずら、悪ふざけ、冗談
* hook, line and sinker　完全に、すっかり

> cold feet は「(いざという時になっての) おじけ [逃げ腰]」ということ。It's just cold feet. (おじけづいているだけ) などとも使う。

535 get cold feet about

…におじけづく、…が怖くなる

I'm starting to get cold feet about getting on that big bird.

あの大きな鳥に乗るのが怖くなってきました。

* big bird　大きな鳥 (飛行機のこと)

536 get fed up with

> get sick and tired of とも言い換えられる。

…にうんざりする、…が嫌になる

One physics professor got fed up with students using their laptops to surf the Net and check their email instead of taking notes.

ノートもとらずに、ラップトップでネットサーフィンやメールのチェックをしている学生たちに、ある物理学の教授が業を煮やしてしまいました。

537 get hitched

結婚する

Fewer people are getting hitched overall.

全体的に、結婚する人が少なくなっています。

538 get off one's butt
さっさと取りかかる、ぐずぐずせずにやる

The slogan "Move it to lose it" helps me get off my butt and head out to the gym early every morning.

「減量には動け」というスローガンは、毎朝早く、ぐずぐずしていないでサッとジムへ向かうのに役立ちます。

＊head out to …に向かう

539 get tongue-tied
口が利けなくなる、口ごもる

I'm so worried about making stupid mistakes that I get all tongue-tied.

愚かな間違いをするのを恐れるあまり、まったくことばが出なくなってしまいます。

540 get under someone's skin
(人) をいらいらさせる

It really gets under my skin when I'm doing a presentation and people are texting on their smartphones.

私がプレゼンテーションをやっている最中に、スマートフォンでメールを打って送っている人がいると、本当に気に障ります。

Word Watch

541 hit the sack
寝る、ベッドに入る

sack は「(穀物などを入れる) 袋」のこと。同じ意味の口語に hit the hay もある。文字どおりには「(体で) 干し草を打つ」ということで、hay は「(家畜の飼料となる) 干し草」だが、かつては hay を詰め物にして「マットレス」を作ったところから。

I weigh myself every evening before I hit the sack.

私は、毎晩寝る前に体重を量っています。

542 give one's blessing ▷ No.544

承認する、賛成する

Have you given him your blessing?

あなたは彼に賛成したのですか。

> 「賛成どころか、ぜひそうしてください」と、相手の意見を後押しするニュアンスの表現。blessingはたとえば、娘の恋人が父親に会いに来て、結婚したいと告げた時、父親が You have my blessings. Make her happy.（喜んで認めますよ。彼女を幸せにしてください）と答える、といった具合に使う。

543 give someone a funny look

（人）を変な目で見る

If you said "gotten" in the U.K., people would give you a funny look.

イギリスでgottenと言ったら、皆に変な目で見られるでしょう。

544 give the thumbs-up to ▷ No.542

…を承認する、…に賛成する

Many teachers are also giving the thumbs-up to e-books.

多くの教師も電子書籍の使用に賛成しています。

> 反対の表現はgive the thumbs-down to（…を拒否する、…に反対する）。The court gave the thumbs-down to restarting the nuclear power plant.（裁判所はその原子力発電所の再稼働を認めませんでした）などと用いる。

545 go a long way toward

…に大いに役立つ

A week or even just a couple of days of being unplugged and offline can go a long way toward restoring your sanity.

1週間、いや、数日だけでも、ネット接続をせずにオフラインでいれば、健全な状態を取り戻すのにかなり効果があるでしょう。

> go far towardと言い換えることもできる。

546 goof off ▷ No.394

怠ける、ぶらぶらする、遊ぶ

People would say we were just goofing off when we were little kids.

子供時代の私たちはただ無駄に時間を過ごしていただけだと、人々は言うでしょう。

547 have a crush on someone

(人) に熱を上げている、(人) に夢中である

She had a crush on her boss.

彼女は自分の上司に夢中でした。

548 have a field day

思う存分楽しむ、(好き勝手にやって) 浮かれる

The media have had a field day ridiculing some of the quirky company rules.

マスコミが企業の突飛な規定を笑いものにして、騒ぎ立てています。

* ridicule　あざける、笑いものにする
* quirky　風変わりな、癖のある

> have a lot of funと同じような意味だが、have a field dayは「はめを外して楽しむ」という感じ。多くの場合、「(何かを) 皮肉って楽しむ[騒ぎ立てる]」ニュアンスで使われる。

549 have a nagging question

消えることのない [頭から離れない] 疑問がある

I still have a nagging question in my mind: What's wrong with taking photographs of food at a restaurant?

私の頭の中には、どうにも消えない疑問が残っています。レストランで料理の写真を撮ることの、どこがいけないのですか。

☞ Word Watch ☜

550 kick back

くつろぐ、リラックスする、のんびりする

名詞のkickbackには「リベート」「割戻金」の意もあるが、phrasal verbとしてのkick backは、「休憩する」「くつろぐ」「リラックスする」という意味で用いられることが多い。Let's just kick back and enjoy the holidays. などのように使う。

We'd kick back and have a few beers after work.

私たちは会社の帰りに、くつろいで一緒にビールを何杯か飲んだものです。

⑤⑤① have a yen for
…を熱望する、…がたまらなくほしい

What you should do is make a point of reaching for your favorite fruits and vegetables when you have a yen for a snack.

スナックがたまらなく食べたくなった時には、大好きな果物や野菜に手を伸ばすよう、習慣づけるべきです。

＊reach for　…に手を伸ばす

⑤⑤② have an aversion to
…をとても嫌がる、…が大嫌いである

I used to have an aversion to going to the gym.

私は、かつてはジムに通うのがどうしようもなく嫌でした。

⑤⑤③ have no compunction about
…に何のためらいもない

If I have an especially bad experience at a restaurant, I have no compunction about leaving the waiter a big fat goose egg.

私がレストランでとてもひどい経験をしたなら、なんのためらいもなく、ウェイターには1セントたりともチップを置かずに立ち去ります。

＊goose egg　ゼロ、0点

⑤⑤④ hit it off
仲よくなる、意気投合する

I thought our introductory session the other day went very well. We really hit it off.

先日の顔合わせのセッションは、非常にうまくいったと思いました。私たちはすっかり意気投合しました。

＊introductory session　顔合わせの[最初の]セッション

555 indulge in

…にふける、…を（思う存分）楽しむ

There's nothing I like better than to indulge in a nice relaxing bath at the end of a busy day.

忙しい一日の終わりに、快適な入浴をゆったりと楽しむことほど、私が好きなものはありません。

> 「趣味や嗜好品などにふける」という時に使うフレーズ。Let's celebrate our anniversary by indulging in a good wine tonight.（今夜はいいワインを楽しんで、私たちの記念日を祝いましょう）などと、「ぜいたくしよう」といった気持ちの時にもよく用いる。

556 interact with

…と交流する、…と触れ合う、…と情報をやり取りする

It was found that the amount of time we spend interacting with family and friends hasn't changed all that much.

家族や友人と触れ合う時間の長さは、それほど変わっていない、ということがわかりました。

557 lend a helping hand

手を貸す、救いの手を差し伸べる

Three motorists stopped to lend me a helping hand when I was stuck with a flat tire.

車がパンクし、私が立ち往生しているのを見て、3人のドライバーが車を止めて手を貸してくれました。

☞ Word Watch ☜

558 kick oneself

自分に腹を立てる、悔しがる

「自分を蹴飛ばす」から、「自分の愚行をひどく後悔する［嘆く］」という意味。I could kick [could have kicked] myself for making such a careless mistake. のようにも使う。

I always kick myself when I get home and realize that I don't actually need whatever it is that I've bought.

買ったものが何であれ、家に帰ってから、本当は必要ではないことに気づいて、いつも自分に腹を立てています。

559 linger on
とどまる、なかなか去らない

The flu virus lingers on into May.

インフルエンザのウイルスは5月まで残っています。

560 mess up
しくじる、失敗する、間違える

We've all messed up like that at one time or another.

だれでも一度や二度は、そんな失敗をしたことがあります。

561 nod off
居眠りする

My grandma sometimes nods off in the middle of a conversation.

私の祖母は時々、会話の最中に居眠りしてしまいます。

562 pony up
（お金・金額）を出す ［支払う、決済する］

If you're straight out of college, it's impossible to pony up the money you need to rent a Manhattan apartment alone.

大学を出たばかりでは、マンハッタンのアパートを1人で借りるのに必要な金額を支払うのは不可能です。

＊straight out of college　大学を出てすぐに［で］

563 prick up one's ears
聞き耳を立てる、興味を示す

I pricked up my ears when Jane said "fraud."

ジェーンが「詐欺」と言った時、私は耳をそばだてました。

564 pull someone's leg
（人）をからかう、（人）をかつぐ

Sorry, I was just pulling your leg.

ごめんなさい、ただの冗談ですよ。

565 reach out
援助[支援]の手を差し伸べる

They were impressed by the way the company was reaching out to the community.

彼らは、その会社が地域社会を支援していることに感銘を受けました。

566 relate to
…を理解する、…に共感する、…を身近に感じる

The weather is something everybody can relate to.

お天気は、だれにとっても身近な話題です。

567 set aside
（特定の用途のために）…を取っておく[確保する]

The restaurant set aside a special section for families with little kids.

そのレストランでは、小さな子供を連れた家族向けのコーナーを特別に設けていました。

☞ Word Watch ☜

568 not to sweat the small stuff
小さなことでくよくよしない

Don't sweat the small stuff. は「つまらないことを気にするな」といった意味で、小さなことで心配したり悩んだりしている人に対して言うことば。*Don't Sweat the Small Stuff . . . and it's all small stuff* は、Richard Carlson が著した世界的なベストセラーの名前。日本語版は『小さいことにくよくよするな！ しょせん、すべては小さなこと』（サンマーク出版）という題で出版されている。

It's important not to sweat the small stuff.

小さなことでくよくよしないことが大切です。

569 shed the pounds
体重を落とす

I still wasn't shedding the pounds as much as I wanted to.

自分が望んだほどはまだ体重が落ちていませんでした。

570 slip up
うっかり間違える、しくじる

One day I slipped up and said, "I love you, bye!" at the end of a conference call.

ある日、電話会議を終える時に、うっかり「愛しているわ、じゃあ」と口にしてしまいました。

571 snap out of
…から抜け出す、…から脱却する

I really need to snap out of this. I vow to be a new person in the new year.

私は、こんなことは本当にやめなければなりません。新年から生まれ変わった人間になると誓います。

572 snap up
…をすぐに買う、…を素早くつかむ

Early birds snap up the best buys on supermarket bargain days.

スーパーマーケットの特売日には、早く来た人が一番のお買い得品をさらっていってしまいます。

573 splurge on
…にお金を奮発する、…に（ちょっと）ぜいたくをする

Special items people splurge on add a little fun to life.

人々が奮発して買う特別な商品は、生活にちょっとした楽しみを与えてくれます。

574 spruce up

おしゃれをする、めかし込む

My dad would always tell me to spruce up and try to look good.

父からいつも、おしゃれをしてすてきに見えるようにしなさい、と言われたものです。

575 strike someone's fancy

(人) の気に入る

I haven't found any apartment that strikes my fancy as yet.

気に入ったアパートメントは、今のところまだ見つかりません。

576 subsist on

…で (何とか) 生きて [暮らして] いく

The Greek philosopher Diogenes is said to have lived in a tub and subsisted on onions.

ギリシャの哲学者、ディオゲネスは樽に住み、タマネギを食べて暮らしていたと言われています。

* Diogenes　ディオゲネス (古代ギリシャの哲学者)
* tub　樽、桶、鉢

Word Watch

577 take to something like a duck to water

…を極めて自然に身につける [覚える]

「アヒルが水になじむ」というところからの比喩的表現。Lovely weather for ducks! といえば「アヒルにはよい天気ですね」「よく雨が降りますね」という意味で、あいにくの雨天の時のあいさつ。

I thought you'd taken to living in America like a duck to water.

あなたはアメリカでの生活にすんなりなじんだものと思っていました。

578 suit someone to a tee
（人）にぴったり [最適] である

Manhattan suits well-educated people to a tee.

マンハッタンは教養の高い人にぴったりの場所です。

579 swallow one's pride
プライドを捨てる、恥を忍ぶ

I decided to swallow my pride and call Paul to come and rescue me.

恥ずかしいのを我慢して、ポールに電話して助け出してもらうことにしました。

580 take a year off
1年間の休みを取る

I will take a year off from college to gain some nonacademic experience.

大学を1年間休学して、学業以外の経験を積むつもりです。

581 take someone under one's wing
（人）をかばう、（人）の面倒をみる

I'm looking forward to finding a mentor who will take me under his or her wing.

私の面倒をみてくれるメンターに出会うのが楽しみです。

582 take up
…を始める

Once we move to Columbus, I plan to take up swimming again.

コロンバスに引っ越したら、私は水泳をまた始めようと思っています。

583 trade in

…を下取りに出す

Why don't you trade in your old sedan for a 4WD?

古いセダンを下取りに出して、四輪駆動車をお買いになったらどうですか。

584 tune out

…を無視する、…を聞かない

When I fly, I find the best way of tuning out crying babies and people with loud voices is to put on my headphones and let Bach and Mozart soothe my nerves.

飛行機に乗った時に、赤ちゃんの泣き声や人の大声を聞かないようにするには、私の経験では、ヘッドホンをして、バッハやモーツァルトの音楽で神経を静めるのが一番です。

＊soothe someone's nerves　神経を静める

> 「周波数を変えて、音が入ってこないようにする」というイメージ。逆に「周波数[チャンネル]を合わせる」はtune inで、tune in to NHK radio（NHKラジオに周波数を合わせる）などと用いる。

585 turn out to be

（結局）…になる、…であることがわかる

It turned out to be a very fun and memorable evening.

最終的にとても楽しくて忘れられない一夜になりました。

☞ Word Watch ☜

586 treat plastic as cash

（クレジット）カードを現金の代わりに支払いに使う

20世紀中に英語の語彙に加わった語を集めた*Twentieth Century Words* (Oxford University Press) には、plastic が3度登場する。最初は1909年で、現在使われている「プラスチック」「合成樹脂」の意味で。次いで1974年の項には plastic money という新語が載っている。口語で、支払いに使われる credit card や debit card のこと。それから1980年には plastic money の短縮形としての plastic が掲載されている。

The economic downturn caused many people to stop treating plastic as cash.

景気後退によって、多くの人がクレジットカードを現金代わりに使うことをやめました。

＊economic downturn　景気後退　▷No.677

587 vow to
…すると誓う

I vowed to become even healthier.

私は、さらに健康になろうと誓いました。

588 wind up with
(結局)…を持つ羽目になる

Hope you didn't wind up with a wooden nickel.

あなたがつかまされたのは結局偽物だった、ということでなければいいのですが。

＊wooden nickel　まやかしもの、ろくでもないもの、偽物、偽金

589 all the same

それでも、それにもかかわらず

A holiday at a ski resort is very attractive, but I think I'll stick to my regular beach cabin all the same.

スキーリゾートでの休暇はとても魅力的だけれど、やはりいつもの海辺のキャビンにしようと思っています。

590 at a measured pace

一定のペースで、ゆっくりしたペースで

I advise you to eat slowly, sip your wine at a measured pace and stop eating when you start to feel full.

ゆっくり食べて、ワインは一定のペースでちびちび飲み、お腹がいっぱいになったと感じ始めたら、食べるのをやめることを、あなたにアドバイスします。

591 close to home

身近で

I'm familiar with the concept of voluntourism, but doing it so close to home is a new one on me.

私は、ボランツーリズムの概念は知っていますが、こんな身近なところで行っているとは知りませんでした。

> close to home は「心を打って、痛切で」という意味でも使われる。The topic of the movie hit too close to home, so I left the theater.（その映画のテーマがあまりにも痛切だったので、私は映画館を出てしまいました）といった具合。

592 down the road ▷ No.451

将来、これから先

A flu shot can save you a lot of suffering and grief further down the road.

インフルエンザの予防接種がやがて、多くの苦痛と悲しみからあなたを救ってくれるのです。

593 fit as a fiddle

とても元気[健康]で、ぴんぴんして

You're looking fit as a fiddle.

あなた、とても元気そうですね。

594 for a change

たまには

You spend too much time in movie theaters. Why don't you stay home and study for a change?

あなたは映画館で過ごす時間が長すぎるわ。たまには家で勉強したらどう。

595 in disguise

見せかけの…、形を変えた…、変装して

Let's all come to the office party in funny disguises.

会社のパーティーには、全員がおもしろい仮装をしてくることにしましょう。

596 in the blink of an eye

瞬く間に、あっという間に

Brook can retrieve any piece of data you request in the blink of an eye.

ブルックは、求められたデータは何でも瞬時に取り出せます。

> in the twinkling of an eyeも同じ意味で使える。The new supercomputer finished the complex calculations in the twinkling of an eye.（その新しいスーパーコンピュータは、瞬く間に複雑な計算を終わらせました）という具合。

597 in vogue

流行して

The old proverb "waste not, want not" is definitely back in vogue, along with "a penny saved is a penny earned."

「無駄をしなければ不足することもない」という古いことわざは、「1ペニーの節約は1ペニーのもうけ」とともに、確かに今また流行しています。

598 into the bargain

そのうえ、おまけに

These rules are hopelessly retro and sexist into the bargain.

これらの規定は、どうしようもないほど、時代遅れで、そのうえ性差別的です。

599 like lightning

電光石火のごとく、目にも留まらぬ速さで

Some of my friends can compose text messages on their mobiles like lightning, using only their thumbs.

私の友人の何人かは、携帯メールを、親指だけを使って、目にも留まらぬ速さで打ち込めます。

600 much less

まして…であるわけがない

No one wanted to be near him, much less talk with him.

だれも彼の近くに寄りたがりませんでしたし、まして彼と話をしたいなどと思うわけがありませんでした。

601 next thing you know

気がついてみると

Next thing you know, instead of having fun watching the soccer game, I'm checking email.

気がついてみると、私はサッカーの試合を楽しんで見ているのではなく、メールをチェックしているのです。

> last in, first out は「最後に採用された[入った]人が、最初に解雇される[出る]」、garbage in, garbage out はコンピュータ関連の表現で「誤ったデータを入れると、誤った結果が出る」ということ。

602 on a first-come, first-served basis

先着順で

Seating is on a first-come, first-served basis. Places can't be reserved.

座席は先着順になっています。指定はできません。

603 out of left field
普通でない、突拍子もない

Her school recently came up with a fundraising scheme that was right out of left field.

最近、彼女の通う学校が、まったく突拍子もない募金運動を考え出しました。

604 out of place
場違いで、(周りの人たちから)浮いて

It's not so unusual for me to feel out of place in the office.

職場で場違いに感じるのは、私にとってそんなに珍しいことではありません。

605 out of this world
この世のものとは思えないほどすばらしい

Our vacation in Bhutan was almost literally out of this world.

ブータンでの休暇は、本当にこの世のものとは思えないほどでした。

＊literally　本当に、まったく

606 the way someone sees it
(人)が思うには、(人)の考えでは

The way Jane sees it, renting toys helps her get rid of clutter around the house.

ジェーンの考えでは、おもちゃをレンタルするのは、家が物であふれ返らないようにするのにいいそうです。

＊get rid of clutter　散らかったものをなくす [片づける]

607 to one's heart's content
思う存分、心ゆくまで

Winning the lottery allowed Amy to shop to her heart's content.

宝くじに当たったので、エイミーは好きなだけ買い物をすることができました。

608
what on earth
一体全体何が [を]

What on earth brings you to the pub this early?

一体全体どうしてこんなに早くからこのパブに来ているのですか。

609
with [have] one's head in the clouds
(現実離れした) 空想にふける、夢のようなことを考える

He's not an eccentric showboater with his head in the clouds.

彼は、空想の世界だけに生きている、変わり者の目立ちたがり屋ではありません。

＊eccentric　風変わりな、変わり者の
＊showboater　目立ちたがり屋

610
worlds [a world] away
まったくかけ離れている、別世界にいる

Oh, sorry, I was worlds away.

ああ、すみません、すっかりうわの空になっていました。

611 can't stand

…が耐えられない、…が我慢ならない

My daughter can't stand natto, despite my best efforts to get her to try it.

娘に納豆をなんとか食べさせようとしましたが、彼女はまったくだめです。

612 might well be

たぶん…だろう

I think my wife and I might well be up for a voluntourism trip sometime in the not-too-distant future.

妻と私はおそらく、そう遠くない将来、ボランツーリズムの旅をしたくなるだろうと思います。

613 nothing beats

…に勝るものはない、…がいちばんよい

Nothing beats the big-screen experience of a movie theater, as far as I'm concerned.

私にとっては、映画館の大きなスクリーンで見るのが一番です。

＊as far as I'm concerned 私（の意見）としては、私にとっては

614 Oh, come on.

おや、それはないですよ。そんな、冗談じゃないですよ。

You're a direct descendant of Davy Crockett? Oh, come on. You don't expect me to believe that, do you?

君がデビー・クロケットの直系の子孫だって。まさか、そんなことを私が信じるとは思っていないでしょうね。

615 one's heart goes out to

…に心から同情する

My heart goes out to you, Kay.

心から同情しますよ、ケイ。

Word Watch

616 It was so 1999.

まるで1999年のようだった。前世紀に戻ったようだった。

1999という数字自体にはあまり意味がなく、一種の誇張法として使われている。下の例文の場合は、「スマートフォンを持たない生活なんて、1999年に戻ったみたいだった[レトロな体験だった]」ということ。最近よく耳にする言い方で、1999の代わりに last century / the 20th century / the Stone Age / the 1990s / yesterday などを使うこともある。How 1999! などとも言う。

It was so 1999, but somehow I survived without email.

まるで1999年のようでしたが、私はメールなしでなんとか乗り切りました。

617 I've had it up to here with

…にはうんざりだ、…は我慢できない

口語で「私は…にはもううんざり[辟易]している」という意味。こう言いながら、「ここまで」と喉に手をやるジェスチャーがある。I've had it up to my neck. (▷ No.296) は「とても忙しい」「かかりきりである」ということ。neck の代わりに ears, elbows, eyes, eyeballs, eyebrows なども使う。いずれも「忙殺されている」ことを意味する。

I've had it up to here with lame excuses.

私は、へたな言い訳にはうんざりです。

＊lame excuse　へたな言い訳

618 someone's [something's] days are numbered

残された日々は限られている

Turning 60 has given me a keener feeling that my days are numbered.

60歳になったことで、残された日々は限られているという思いがいっそう強くなってきました。

> 「仕事の日々」や「プロジェクトの日々」などにも用いられる。会社を辞める決意をした人が、My days at the company are numbered.（この会社での私の日々は限られています）と言うこともあるだろう。「辞める日までのカウントダウンが始まっている」というニュアンスがあるひと言。

619 That's the spirit.

その意気だ。そうこなくちゃ。

That's the spirit. You're already trying to break out of your introvert cocoon.

その意気ですよ。あなたはさっそく、引っ込み思案の殻から抜け出そうとしているのですね。

* break out of …から抜け出す
* introvert cocoon 内向的な殻、引っ込み思案の殻

620 We've all been there.

それはだれもが経験している。

Don't worry. We've all been there.

心配することはありません。みんな同じ経験をしていますから。

第5章
オン&オフ ビジネス頻出名詞句

621 ☞ 800

> track record（実績、業績）、pet peeve（大嫌いなもの、しゃくにさわること）、digital native（デジタル世代の人）、nest egg（将来への蓄え）……。これらがスラスラと口をついて出るようになればしめたもの。名詞句はそのまま対話力のもととなって、あなたを助けてくれます。例文とともにしっかり覚えましょう。

621 a thing of the past
過去のもの、時代遅れのもの

Impulse buying has become a thing of the past.

衝動買いは過去のものになりました。

＊impulse buying　衝動買い　▷No.701

622 adverse effect
悪影響

Making excessive use of the Internet, as well as mobile phones and other digital gadgets, can have an adverse effect on behavior.

インターネットや携帯電話などのデジタル機器の過度の利用は、行動に悪影響を及ぼしかねません。

623 always-on, 24/7 environment
常にスイッチが入っていて常時活動している環境［状況］

We have to operate in an always-on, 24/7 environment.

私たちは、常にスイッチが入っていて常時活動している環境下で動かなければなりません。

Word Watch

624 a bitter pill to swallow
耐えねばならない嫌なこと

bitter pill は「苦い丸薬」のこと。それを「のみ込む」(swallow) というところから、比喩的に「受け入れるにはあまりにもつらいが、受け入れざるを［耐えざるを］得ない」という意味である。

The new policy is going to be a bitter pill for many people to swallow, including yours truly.

その新しい方針は、私にとってもそうですが、多くの人にとって耐えなければならない嫌なことでしょう。

＊yours truly　私(自身)　▷No.800

and whatnot

…など

There'll be four guests from the ad agency at lunchtime. Please order the usual sandwiches, drinks and whatnot.

昼食時に広告代理店から4人のお客様がいらっしゃいます。いつものサンドイッチや飲み物などを注文しておいてください。

annual revenue

年間収入、年間収益

One Canadian company has annual revenues of more than $500 million from selling tight-fitting pants.

あるカナダの企業は、ぴったりフィットするパンツを販売して、年間収益が5億ドルを超えています。

Word Watch

ABCs of manners

マナーの基本

ABCは、「基本」の意では通常、ABCs [ABC's] と複数形で使う。(as) easy [plain, simple] as ABC は「(ABCのように) 極めてやさしい [明らかな、簡単な]」ということ。「エチケット」「マナー」の意味のmannersも複数形。

Parents are too busy to sit down with their kids and teach them the ABCs of manners.

親たちは、子供とじっくり向き合って、マナーの基本を教える暇もないのです。

acquired taste

習い覚えて好きになったもの

acquiredは「(個人の努力によって) 習得した」といった意味で、English is an acquired language for me. といえば、「私にとって英語は、外国語として習得したものです」ということ。acquired taste は「(最初はそれほどでもなかったが) だんだん好きになったもの」「何度か試してみて好きになったもの」のこと。特に飲食物に関していう。

It's become one of my faves too, but I admit natto is an acquired taste.

納豆は私も大好物の一つになりましたが、何度か試してみてから好きになったことは認めます。

＊fave　お気に入り、大好きな人 [もの]

⑥㉙ big shot
お偉方、大物、重要人物

Sometimes "you guys" sounds a bit too folksy and casual, or even disrespectful, especially when there are big shots present.

特にお偉方が同席している場合、you guysは少しなれなれしすぎで、くだけすぎに聞こえたり、失礼に聞こえたりすることさえあります。

＊you guys　みんな、君たち

⑥㉚ big-ticket item
高額商品

People are moving away from purchasing big-ticket items like cars, appliances and furniture.

人々は、車や家庭用電化製品、家具といった高額商品を買い控えています。

＊appliance　（家庭用・事務用の）電気器具［製品］

▶ Word Watch

⑥㉛ bang for the buck
出費に見合うだけの価値［効果］

bangは「バン［ドン、ズドン、バタン］という音」「轟音」のことだが、「活気」や「大成功、興」の意もある。また、buckは「ドル」のこと。value for moneyも「お金を払った［払う］だけの値打ちのあるもの」という意味。

In these days of email and online chat, the old-school cachet of a postcard gives it a lot of bang for the buck.

今のメールやオンライン・チャットの時代にあっては、昔ながらの消印が、葉書に大きな価値を与えています。

＊old-school cachet　昔ながらの消印

632 bond and equity markets

債券市場と株式市場

I climbed a very steep learning curve after we began to probe the mysteries of the bond and equity markets.

私は、債券市場と株式市場の謎解きを始めてから、短期間で多くを学びました。

*steep learning curve　速い学習速度、短期間で多くを学習すること　▷No.134
*probe the mysteries of　…の謎を探る

633 breeding ground

（悪いことの）温床、繁殖する所

Corporate America is a breeding ground for stress and burnout, I'm sorry to say.

残念ながら、アメリカのビジネス界では、ストレスや燃え尽きが常態化しています。

*Corporate America　アメリカの経済界　▷No.657
*I'm sorry to say　残念なことに

☞ Word Watch ☜

634 bargain price

特価、格安の値段

日本語の「デパ地下」が「デパートの地下食料品売り場」を指していることからもわかるように、日本では多くのデパートが地階を食品売り場として展開している。しかしアメリカでは、デパートの地階は特売場となっているのが普通で、bargain-basementという形容詞は、「（物の値段が）格安の」「（物の品質が）劣等な［粗悪な］」という意味になる。

The company launched a new type of detergent at a bargain price last year.

その会社は昨年、新しいタイプの洗剤を格安な値段で発売しました。

635 bean counting

お金の勘定、経理の仕事

bean counter は口語で「会計士」「経理係」のこと。職業のニックネームの一つ。「数字しか頭にない」といった多少軽蔑的な響きがある。

My first boss told me that bean counting wasn't for me.

私は、最初の上司から、経理の仕事は君には向いていない、と言われました。

⓺³⁶ carbon footprint

カーボンフットプリント、二酸化炭素排出量

They're trying to reduce the size of their carbon footprint.

彼らは、自分の二酸化炭素排出量を減らそうとしています。

⓺³⁷ cardinal rule ▷ No.696

基本的なルール、鉄則

I believe the cardinal rule for managers is to keep an open mind.

管理職の鉄則は、いつも心を開いていることだと私は思っています。

⓺³⁸ career path

仕事の進路

She's always been there for me when I've been at a loss about my career path.

私が自分のキャリアの道について迷っている時に、彼女はいつでも力になってくれます。

＊at a loss about …のことで途方に暮れて、…のことで困って ▷No.494

📖 Word Watch

⓺³⁹ bottom line

（企業の）収益［最終損益］、（一般に）肝心なこと［最も重要な点］

もともとは損益計算書のいちばん下の行（line）に示される、企業の純益または純損のこと。そこから「要点」「最終結果」「重大局面」などを意味する。bottom-line management といえば、「（損得勘定だけを問題にした）現実的な経営」という意味。

I'm proud to work for a company that cares about more than the bottom line.

収益以外のことにも関心を向けている会社で働くことを、私は誇りに思います。

> cash flow（現金の流出入）もよく使われることばの一つ。I believe cash flow is more important than a big bank account.（常にお金が流れていることが、銀行に多額の預金をするよりも大切だと思っています）などと用いられる。

⑥⁴⁰ career-limiting event
出世 [キャリア] の妨げになる出来事

Unrestrained, alcohol-fueled behavior can make it a career-limiting event.

酔いに任せてはめを外そうものなら、出世の妨げにもなりかねません。

⑥⁴¹ cash outflow
お金の流出、支出

I'm trying to cut down on my calorie intake — and my cash outflow.

私は今、カロリーの摂取量、それに支出を控えようとしています。

＊calorie intake　カロリー摂取量

✎ Word Watch ✎

⑥⁴² business associate
仕事関係の知り合い、仕事仲間、取引相手

アメリカの大学で、授業料を免除される代わりに教授のリサーチを手伝ったり学部生の宿題を採点したりする大学院生のことを teaching assistant（略して TA）と呼ぶが、私が留学した大学では1971年から graduate teaching associate (GTA) と呼ぶようになった。associate のほうが assistant より格上のような響きがある。

The whole point of having a meeting is to communicate and exchange ideas with your colleagues or business associates.

会議を開く意義は、同僚や取引相手と意思の疎通を図り、意見交換をすることです。

⑥⁴³ business casual
ビジネスカジュアル、ビジネスの場における比較的カジュアルなドレスコード

どこまでが business casual かという一般的な定義はなく、解釈はまちまちで、時として混乱を生じさせている。ある job search engine は次のように定義している。In general, business casual means dressing professionally, looking relaxed yet neat and pulled together.

My basic style guideline is "business casual."

ファッションに関する私の基本的なガイドラインは、「ビジネスカジュアル」です。

644 cash outlay

現金支出

The company doesn't allow big cash outlays without prior board approval.

会社は、役員会の事前の承認なしに多額の現金払いを許可しません。

645 cash reserve

現金準備（高）、手元資金

Unlike the big boys, small and mid-sized companies have seen their cash reserves shrink in the last few years.

大企業と違い、中小企業ではここ何年かで、現金保有高が減少しています。

*the big boys　大物、大企業

646 changing values

変わりつつある価値観

As many young people are postponing marriage, the birthrate is dropping. Is that because of changing values in society?

晩婚化とともに出生率が落ち込んでいます。それは、社会の価値観の変化に起因しているのでしょうか。

647 command of the language

その言語を使う能力

It's your command of the language versus artificial intelligence.

これは、ことばを使う人間の能力と人工知能との戦いです。

648 company-wide policy

全社的な方針

Our CEO has asked all execs who attended the meeting to announce a new company-wide policy.

CEOから、会議に出席したすべてのエグゼクティブに、全社に適用される新たな方針を発表するよう、要請がありました。

＊exec　エグゼクティブ（executiveの短縮形）

> worldwide（世界的な）、countrywide（全国的な）はおなじみのことば。ほかにも、たとえばschool-wide（全校の）は、There is now a school-wide ban on cell phones.（現在、携帯電話は学校全体で禁止されています）などと使われる。

649 competitive edge

競争上の優位、他に負けない競争力

America can retain its competitive edge in product innovation in the global market.

世界市場での製品イノベーションにおいて、アメリカは競争上の優位を維持できます。

☞ Word Watch ☜

650 catch forty — or twenty — winks

うたた寝する、一眠りする

通常のフレーズは catch [have, take] forty winks で「ちょっと昼寝をする」だが、or twentyと付け加えて「ほんの少しだけ」という感じを出している。wink には「一瞬」「まどろみ」という意味もある。

That company has designated nap rooms where employees can catch forty — or twenty — winks.

あの会社は、社員が一眠りできる、専用の仮眠室を備えています。

651 collaborative consumption

共同消費

物品を購入・所有するのではなく、シェアしたり、交換あるいはレンタルしたりする経済モデルのこと。このことばがつくられた当初は自動車や自転車について使われていたが、現在ではそれ以外の物品にも広がっている。

Now we've entered what some people are calling "the age of collaborative consumption."

今や私たちは、一部の人が言うところの「共同消費の時代」に入っているのです。

652 con artist

信用[取り込み]詐欺師

Gwen's fresh face and air of naiveté make her the perfect con artist.

グウェンの初々しい顔つきとうぶなそぶりは、詐欺師として完ぺきです。

653 constant connectivity

(電子機器などとの)常時接続性

I guess a megatrend closely related to our business is constant connectivity.

私たちのビジネスと密接な関係があるメガトレンドは、常時接続性ではないでしょうか。

> 反対の意味の表現に digital detox(デジタル・デトックス)がある。これは「パソコンやスマートフォンなどの電子機器を一定期間使わないようにすること」。

654 constructive criticism

建設的な批判

Welcoming constructive criticism and feedback makes for authenticity and transparency.

建設的な批判や意見を前向きに受け入れることが、信頼性と透明性の確立につながります。

655 consumer confidence

消費者信頼感、消費者マインド、消費意欲

Increased spending on cosmetic surgeries is seen as a harbinger of returning consumer confidence.

美容整形手術への支出が増えたことは、消費意欲が回復している兆しと考えられます。

＊harbinger　前兆、兆し

656 control freak

周囲をことごとくコントロールしようとする人、仕切りたがる人

He's not a micromanager like some control freaks.

彼は、周囲をことごとくコントロールしようとするマイクロマネジャーではありません。

＊micromanager　細部にまで口を出す管理者

657 Corporate America

アメリカの経済界［ビジネス界］

Corporate America has realized that social media isn't a passing fad.

ソーシャルメディアが一過性の流行ではないことに、アメリカの経済界は気づいています。

＊passing fad　一時的な流行、一過性の流行

☞ Word Watch ☜

658 contingent worker

臨時（雇用の）労働者、派遣社員

temporary worker あるいは単に temp とも言う。形容詞としての contingent には「一時［臨時］雇用の」という意味がある。contingent job は「臨時の仕事」のこと。

I'm talking about the huge growth in contingent workers — temporary and part-time employees.

私が話そうとしているのは、臨時労働者、つまり、一時雇用やパートタイムの従業員が大幅に増えているということです。

659 corner office

角部屋、（通常）管理職のオフィス

フロアの角に位置し、2つの壁側に窓がある部屋で、管理職や上席の役員（パートナー）などに割り当てられる。フロアの角にあっても、窓のない部屋は普通、corner office とは呼ばない。

The prize of having a big corner office when you become a top executive isn't a key motivating factor anymore.

最高幹部になると、ご褒美に広々とした角部屋をもらえるというのは、もはやモチベーションを高める原動力にはなりません。

660 cost of living

生活費

The high cost of living has driven a lot of middle-class folks out of Manhattan.

生活費が高いので、中流階級の多くの人たちがマンハッタンから退散しました。

661 crucial test

重大な試練

Leaving a job or being fired is a crucial test of your sense of self.

退職や解雇は、自分の分別が試される大きな試練の時です。

＊sense of self　分別、自意識

-friendly がつくほかの表現
user-friendly「利用者に使いやすい」
kid-friendly「子供向けの」
eco-friendly「環境［生態系］に優しい」
environment-friendly「環境に優しい」
planet-friendly「地球に優しい」
printer-friendly「(ウェブページなどが)印刷しやすい(左右の端が切れたりしないなど)」

---

662 customer traffic

客足、客数、客の出入り

When you have fewer employees, there's more incentive for them to follow customer traffic.

従業員が少なくなれば、来店するお客に注意を払おうという気持ちが強くなります。

663 customer-friendly environment

客にとってよい[便利な]環境

A lot of businesses are finding that cutting down on staff numbers can help create a more customer-friendly environment.

従業員の数を減らすことで、よりお客に配慮した環境が作られやすくなることに、多くの企業が気づいています。

664 daunting prospect

暗い見通し、お先真っ暗な展望

Tim faces the daunting prospect of doing two to three job interviews every day.

ティムは毎日、2つか3つの就職面接をするという暗い見通しに直面しています。

665 demanding job

きつい仕事、負担の大きい仕事

We spend too much time away from our kids because of our demanding jobs.

私たちは、仕事の負担が大きいために、子供と一緒にいられない時間が多すぎます。

✍ Word Watch ✍

666 cubicle farm

パーティションで仕切られた小部屋が並ぶオフィスフロア

cube farmともいう。cubicleは「パーティションで仕切られた小部屋」のことで、それらがフロアに並んでいる状況を農園にたとえたもの。そこから連想されるのは平凡なデスクワーク（mundane desk job）。

In the typical 21st-century cubicle farm, people want privacy and they want to focus.

間仕切りで仕切られた、典型的な21世紀のオフィスでは、皆がプライバシーを欲していて、集中したいと思っています。

667 cultural literacy ▷ No.669

文化への理解

literacyは「識字能力」「読み書きの能力」のことだが、最近はcultural literacy, computer literacy, digital literacy, information literacyなどのような連語として使い、「（特定の分野・問題に関する）知識・能力」を意味する。The Dictionary of Cultural Literacyというタイトルの本があり、What every American needs to knowという副題がついている。つまり、アメリカ人であればだれでも知っておくべき「聖書」「神話」「ことわざ」「世界文学」「世界史」「アメリカ史」などに関した辞書となっている。

Volunteer travel is a wonderful opportunity for improved cultural literacy and personal growth.

ボランティア旅行は、文化への理解を深め、人間として成長するすばらしい機会です。

668 demographic change
人口統計上 [人口動態] の変化

The rise of single-person households is one of the great demographic changes in American history.

単身世帯の増加は、アメリカの歴史において、人口統計上の大きな変化の一つです。

669 digital literacy ▷ No.667
デジタルリテラシー
ハイテク機器やITネットワークを駆使できる技能

The campaign was sponsored by a nonprofit group working to increase digital literacy.

このキャンペーンは、デジタルリテラシーの向上に取り組んでいる非営利団体がスポンサーでした。

670 downward spiral
負のスパイラル、悪循環

What can people do to break out of what sounds like a downward spiral?

負のスパイラルと思われる状況から抜け出すために、何ができるでしょうか。

＊break out of　…から抜け出す

671 driving force
原動力、駆動力

Political unity can be a driving force for economic progress.

政治的結束は、経済発展のための原動力になりえます。

672 early riser

早起きの人

Look at any successful CEO, and you'll see that he or she is an early riser.

成功しているCEOを、だれでもいいので見てごらんなさい。男女を問わず早起きの人であることがわかるでしょう。

673 easy prey

(比喩的に) 格好の餌食、簡単にだまされる人

This debt-ridden company is easy prey for a corporate raider.

負債に苦しんでいるこの会社は、企業の乗っ取り屋の格好の餌食です。

― Word Watch ―

674 digital native

デジタル世代の人

1980年代あるいはそれ以降に生まれ、コンピュータやインターネット、ゲーム機、携帯電話などのデジタル技術とともに成長してきた人。*Digital Game-Based Learning* の著者 Marc Prensky の造語とされている。

Steve is the epitome of a digital native.

スティーブはまさにデジタル世代です。

＊epitome　典型、権化

675 dollar store

1ドルショップ

主に1ドル以下の商品を売る「安売り店」のこと。日本の100円ショップのように、すべての商品（主に洗剤などの家庭用品、玩具、ガーデニング用品など）が同じ価格で売られていることもある。かつてはこうした店は five-and-ten, five-and-dime, nickel-and-dime, ten-cent store, dime store などと呼ばれ、多種多様な商品が5セント（nickel）や10セント（dime）程度で売られていたが、インフレの結果「ドル」が単位となってきた。

Everywhere I go these days I see another dollar store.

最近ではどこに行っても必ず、1ドルショップを目にします。

676 economic climate

経済情勢

In the current economic climate, companies are taking a long, hard look at all parts of their operations.

現在の経済情勢の中で、経営のあらゆる面を、企業は厳しい目でじっくりと見直しています。

＊take a long, hard look at　…をじっくり［厳しく］検討する［見直す］

677 economic downturn ▷ No.678

景気の後退、経済の悪化

One of the reasons for the rise in the sharing economy is the economic downturn.

共有型経済が台頭した理由の一つは、景気の後退です。

678 economic recovery ▷ No.677

景気回復、経済復興

The economic recovery is slowly gathering pace.

景気が緩やかながら回復しています。

＊gather pace　速度を上げる、加速する

679 equivalent of

…と同等のもの、…に相当するもの

As a year-end tip, I would give a babysitter the equivalent of one night's fee.

年末のチップとして、私はベビーシッターに、1晩分の料金と同じ額を渡します。

680 esprit de corps

フランス語から（発音は [esprí: də kɔ́:(r)]）。

団体精神、団結心

That company has great esprit de corps.

あの会社には、すばらしい団結心があります。

681 fabric of society

社会基盤、社会構造、社会の組織

The continuing dismal state of the economy is the biggest reason for these changes in the fabric of society.

不況が長引いていることが、こうした社会基盤の変化の最大要因です。

> face-to-faceは名詞としても使われる。「対面（すること）」の意味で、Let's have a face-to-face.は「直接顔を合わせましょう」ということ。

682 face-to-face contact ▷ No.374

実際に顔を合わせてのやり取り

There's been a drop-off in face-to-face contact.

顔を合わせてやり取りすることは減りました。

＊drop-off　減少、下落

☞ Word Watch ☜

683 double-dip recession

景気の二番底

2012年ごろのアメリカの経済記事に頻繁に登場したフレーズ。double-dipとは「1つの周期に2度起こる」の意味で、特に「景気の下降」について言う。前回のrecessionから回復基調にあるかと思われたのに、2度目の景気後退が起こること。double dipだけでも同じ意味で使う。

A greater cause for concern may be the danger of a double-dip recession, which has never disappeared.

もっと大きな懸念材料は、二番底の不況が起こるおそれが、決して消えていないことかもしれません。

＊cause for concern　心配の種、心配事、懸念材料

684 endangered list

絶滅危惧種リスト、消滅の危機にあるもののリスト

通常はlist of endangered speciesのこと。ワシントン条約（Washington Convention）の正式名称は「絶滅のおそれのある野生動植物の種の国際取引に関する条約」（CITES: Convention on International Trade in Endangered Species of Wild Fauna and Flora）である。そこから敷衍して、「消滅する恐れのあるもののリスト」の意味で使われている。MSNBC Todayのウェブサイトに、America's lunch hour on the endangered listと見出しのついた記事が掲載されている（2012年1月18日）。

Fewer people can spare the time for an actual lunch break. Lunch hour is on America's endangered list.

きちんと昼休みの時間を取れる人が減っています。ランチアワーは、アメリカでは消滅の危機にあります。

685 fellow worker

仕事仲間、同僚

I want to thank my fellow workers for throwing such a splendid retirement party for me.

同僚の皆さん、私のためにこんなにすばらしい退職祝いのパーティーを開いていただいてありがとう。

> 広い意味で「一緒に仕事をしている人」を指す。「同僚」の意味でほかによく使われるものに、colleague, associate, cohort, coworker などがある。

686 financial crash

金融破綻

The most important shift in the American consumer market is the slow recovery from the recession that followed the financial crash of 2008.

アメリカの消費者市場における最も重大な変化は、2008年の金融破綻後に起きた不況からの回復の遅れです。

＊recovery from the recession　不況からの回復

687 fish out of water

場違いな人、陸へ上がった河童(かっぱ)

I'm more like a fish out of water.

私は居心地の悪さを感じています。

> food for the soul（心をなごませてくれる［豊かにする］もの）もしばしば耳にするフレーズだ。The trip to Nepal was food for my soul.（ネパールへの旅は、私の心を豊かにしてくれるものでした）などと使う。

688 food for thought

考えるべきこと、考えさせられること

That's definitely food for thought.

確かに、考えさせられますね。

689 Great Recession

大不況

An example of how the Great Recession has changed consumer behavior is the return of layaway.

大不況がもたらした消費者行動の変化の一例は、予約割賦購入の復活です。

＊layaway　予約割賦購入

> strict ruleとも言い換えられる。

690 hard-and-fast rule

厳格な規則［ルール］

There is no hard-and-fast rule that says you have to tip.

チップを渡さなければならないと決めた厳格なルールなどはないのです。

☞ Word Watch ☜

691 flip side

（よい面に対する）裏の面、もう一つの面

flipには「裏返す」「ひっくり返す」という意味があり、flip sideは、もともとはDJがレコードをひっくり返してB面をかけたところから生まれた表現。「裏側」「対照的な面」「反対の面」という意味で、1949年ごろから使われるようになった。似たような意味で、1980年代のbuzzwordの一つにdownsideがある。こちらは「マイナス面」ということ。

There's a flip side to all this.

こうしたことすべてには、対照的な別の面があります。

692 Fortune 500 firms

フォーチュン500社のリストに載る会社

経済誌Fortuneが毎年掲載する、アメリカの上場企業のうち売上規模上位500社のことで、大企業の代名詞としても用いられる。a Fortune 500 firm [company]はそうした企業の一社を指す。その中でも上位の企業をFortune 100, Fortune 50のように非公式に呼ぶこともある。Global 500は同様に、世界中の大企業ランキング。

Many expats in China work for Fortune 500 firms or U.S. government agencies.

多くの在中外国人が、フォーチュン500社にランクインしている大企業やアメリカの政府機関に勤務しています。

＊expat　国外在住者、海外駐在員（expatriateの短縮形）

693 hordes of

大勢の…、多数の…

Hordes of people flocked to the huge clearance sale.
大々的な在庫一掃セールに、大勢の人が押しかけました。

> a lot of や many より多くて、大きな群れが押し寄せてくるイメージの表現。

694 household chores

家事

I'm going to try to help out more with the household chores.
私は、家事をもっと手伝うようにしようと思っています。

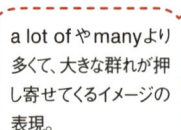

> **household を使ったほかの表現**
> household expenses「家計」
> household management「家政」
> household appliance「家庭用電気器具」
> household goods「家庭用品、家財道具」

695 household name

だれでも知っている名前、とてもよく知られている人[物]

Many of our products are household names, such as Proud detergent.
合成洗剤のプラウドなど、当社の製品の多くはとてもよく知られています。

Word Watch

696 ground rules ▷ No.637

基本原則、基本ルール

もともとはスポーツで、グラウンドやコートごとに決められるルールのこと。そこから「行動上の基本原則」「行動原理」の意でも使われるようになった。会議の冒頭などで、「携帯電話は silent mode（マナーモード）にする」「禁煙」「質問は挙手をしてから」といった ground rules を決めることがある。housekeeping rules と呼ぶ場合もある。

We've always tried to establish ground rules for our son on how to use this new technology.
私たちは息子のために、この新しいテクノロジーの使い方についての基本ルールを設けようと、ずっと模索してきました。

697 human capital

人的資本、人材

Human capital is a company's No. 1 asset, and it's the most important investment a business can make.

人材は企業の第一の財産であり、企業にできる最も重要な投資なのです。

698 human resources

人事管理（部門）、人事（部）

She's been promoted to global manager of human resources.

彼女は人事のグローバル・マネジャーに昇進しました。

Word Watch

699 guided tour

ガイド付きの見学、案内されて回ること

日本語の「ツアー」は「団体［周遊］旅行」「小旅行」などの意で使うことが多いが、英語の tour は「工場や施設などの見学・視察」も意味し、人数や所要時間とは関係がない。何か所かを見て回って出発点に戻る見学のことを指す。

We were treated to a guided tour of the kitchen at the restaurant.

私たちはそのレストランで、調理場を案内してもらうというもてなしを受けました。

700 gut feeling

直感、何となく感じること

gut instinct, gut reaction も同じような意味で使う。gut は「内臓」「はらわた」のことで、gut feeling は「理屈ではない直感」「勘」（an instinct or intuition; an immediate or basic feeling or reaction without a logical rationale）の意。

My gut feeling is that pets bring us far more joy than trouble.

私は、ペットは私たちに、面倒なことよりも喜びのほうをはるかに多くもたらしてくれる、という気がします。

701 impulse buying

衝動買い

Impulse buying is so outmoded.

衝動買いは、ひどく時代遅れです。

> shopping binge(一気に買いまくること、散財)という表現もある。I'm a binge shopper.は「私は後先考えずに買いまくるタイプです」の意味。

702 inventory expense

在庫費用

They're trying to draw people to their websites so they can reduce inventory expenses.

彼らは、自社のウェブサイトに人々を引きつけて、在庫費用を削減しようとしています。

703 job applicant

求職者

Employers can search the Internet for references to job applicants.

雇用主は、求職者に関する情報をインターネットで検索することができます。

704 job performance

業務遂行能力、仕事ぶり

His great job performance moved Scott up a rung on the corporate ladder.

すばらしい業績によって、スコットは一段階出世しました。

＊corporate ladder　出世の階段　▷No.301

705 job seeker

求職者

Asia — China in particular — will continue to draw job seekers.

アジア、特に中国は、これからも求職者を引きつけるでしょう。

706 labor cost

人件費

Employers see temporary and part-time employment as a way of cutting back on labor costs.

雇用主は、一時雇用やパート雇用を人件費削減の一つの方法ととらえています。

＊cut back on　…を削減する、…を減らす

Word Watch

707 insurance for a rainy day

まさかの時のための保険

通常のフレーズは save for a rainy day で、「雨降りの日のために蓄える」だが、「将来の困窮、まさかの時」のためにお金をためておくという意味。

I'm always badgering him to set aside money whenever he can as insurance for a rainy day.

まさかの時の保険として、貯金できるお金がある時は必ず貯金するようにと、彼にはいつも口をすっぱくして言っています。

＊badger　しつこくせがむ、口をすっぱくして言う
＊set aside money　お金を取っておく［ためておく］　▷No.567

708 ivory tower

象牙の塔

フランス語の tour d'ivoire を英語に訳したもの。19世紀の作家で文芸評論家の C.A. Sainte-Beuve が、詩人 A. de Vigny の孤立した生活に言及して使ったことばとされる。「俗事や実際的な事柄から遠く離れた場所［状態］」「（世俗的・実際的な事柄に対する）無関心な態度」「現実社会と没交渉の、学者などの生活」を意味する。The Ivory Tower は Henry James の未完の小説のタイトルでもある。形容詞は ivory-towered となる。

Sometimes we get a little too cut off from the real world up here in our Manhattan ivory tower.

ここマンハッタンの象牙の塔にいると、実社会から少々切り離されすぎることもあります。

709 labor force

労働人口、労働力、労働者

The American labor force has been getting older for decades.

アメリカの労働者はこの数十年、高齢化し続けています。

710 lack of class

品がないこと、マナーに欠けること

Forgive me, but I think your behavior shows a lack of class.

こう言うと失礼ですが、あなたの行動は品位に欠けていると思います。

711 life span

寿命

Japanese people now have the world's longest life spans.

日本人は現在、寿命が世界で最も長いのです。

> 人間以外にも使うことばで、The life span for these batteries is very short.(この電池の寿命はとても短いのです)などとも用いられる。

712 life-changing experience

人生を変えるような経験

A voluntourism trip could be a life-changing experience for both of you.

お二人にとって、ボランツーリズムの旅は人生を変えるような経験になるかもしれませんね。

Word Watch

713 limp fish

ぐったりした魚 (のように力が入っていないこと)

limp- [wet-, dead-] fish handshakeと言えば、弱々しく力の入っていない握手のこと。手ではなく、ぐったりしたあるいは死んだ魚を握るような、気持ちの悪い握手を指す。気弱な性格を表すとも言われる。

Her handshake was the typical "limp fish."

彼女の握手は、例の「ぐったりした魚」のような、力がこもっていないものでした。

714 long-haul flight

長距離便

Many airlines now offer lie-flat beds for business- and first-class passengers on long-haul flights.

多くの航空会社が今や、長距離便のビジネスクラスとファーストクラスの乗客にフラットベッドを提供しています。

715 major player

大物、大企業

Can smaller stores compete with major players who have the resources to take advantage of the boom?

小規模の店は、ブームに乗る資力のある大企業と競い合っていけるのでしょうか。

＊take advantage of　…を利用する　▷No.411

■ Word Watch

716 lingua franca

(国際) 共通語

イタリア語で Frankish tongue の意。一般的には「共通語」「混成言語」のことで、英語を指す場合が多いが、アフリカではスワヒリ語も。また、太平洋地域では英語・中国語にポルトガル語、マレー語などを混合した通商英語があり、これは pidgin English と呼ばれる。

English is now the de facto lingua franca.

英語は今では、事実上の国際共通語です。

＊de facto　事実上の

717 Middle America

アメリカの中間層 [中産階級]

平均的中間層のアメリカ人のことで、政治的には保守中道派が多いとされる。平均的なアメリカ人のことは Average Joe, Ordinary Joe, John Q. Public などと呼ぶ。Middle America は地理的には中西部を意味し、オハイオ州の東端からロッキー山脈ぐらいまでの広大な地域を指す。

Middle America is in trouble.

中間層のアメリカ人は苦境に立たされています。

＊be in trouble　困っている、苦境にある

718 median age

年齢の中央値、(大まかな) 平均年齢

The median age for marriage has been steadily creeping up.

平均結婚年齢が徐々に上がっています。

＊creep up　徐々に上がる

719 mutual respect

相互尊重

Our relationship should be based on mutual respect.

私たちの関係は、お互いを尊重するものであるべきです。

720 nest egg

将来への蓄え

Shrewd investing over 40 years will translate into a big nest egg.

40年以上賢く投資をすれば、将来への大きな蓄えになります。

＊translate into　（結果的に）…になる、…に変わる　▷No.421

☞ Word Watch ☜

721 neck of the woods

地域、場所

NBC放送のトーク番組 *Today* の気象アンカー (weather anchor)、Al Roker の signature phrase としても知られている。全国放送されているキー局から地方局に切り替わる時にいつも言うのが、That's what's going on around the country. Here's what's happening in your neck of the woods. というフレーズである。

Thanks for the meteorological update on what's coming to our neck of the woods.

この地域のこれからの天気についての最新情報をありがとう。

new kid on the block

新人、新入り

> ここでのblockは「区画」のこと。「その区画に新しくやって来た子」という意味だ。

It's never easy being the new kid on the block.

新顔の立場というのは、決して楽ではありません。

nonessential item

なくてもいい [困らない] もの

Market watchers pay close attention to sales of nonessential items like cosmetics and designer handbags.

化粧品、ブランドもののハンドバッグといった、なくても困らない商品の売り上げに、市場専門家たちは大いに注目しています。

☞ **Word Watch**

negative feedback

否定的な反応 [フィードバック]、批判的な意見

「批判」の婉曲的な言い方で、反対は positive feedback。ビジネス用語としては、feedback は「反応」「意見」「感想」といった広い意味で使われる。

What's got the airline companies most worried is negative feedback from first-class and business passengers.

航空会社がいちばん気にしたのは、ファーストクラスやビジネスクラスの乗客からの批判的な意見です。

no laughing matter

笑い事ではない重要なこと

「深刻な問題」という意味の決まり文句で、通常は It's no [not a] laughing matter. のように否定文で使う。

Humor is no laughing matter.

ユーモアは、笑い事ではなく重要なものです。

726 office politics

会社内の権力闘争［駆け引き］、職場での人間関係

He's skilled at negotiating the minefield of office politics.

彼は、会社内の政治的駆け引きという難局を上手に切り抜ける能力があります。

＊negotiate the minefield　難局を上手に切り抜ける

727 penny-pinching type

けちけちタイプ（の人）

I've never known you to be the penny-pinching type.

あなたがけちけちタイプの人だとは、思ってもみませんでした。

> penny-pinchingな人をpenny pincherと言う。miser（けちん坊、しみったれ）ということばもあるが、miserがネガティブなイメージなのに対して、penny pincherはネガティブな意味で使われるとは限らない。I'm a penny pincher so I would never marry a man who wastes money.（私は倹約家だから、お金を浪費する人とは決して結婚しません）のようにも用いる。

728 people skills

人づきあいの技術、人との接し方

I'd say that having good people skills is an absolute must for an effective manager.

人との接し方が上手であることは、有能な管理職に不可欠だと、私は思います。

＊must　必要なもの、すべきこと

729 performance appraisal

業績評価、勤務評定

This is basically not a performance appraisal process.

これは、基本的には業績評価を行うものではありません。

730 pet peeve

大嫌いなもの、しゃくにさわること

Lack of Internet connectivity is business travelers' No. 1 pet peeve.

ビジネス旅行者がいちばん不満に思うのは、インターネットに接続できないことです。

731 positive reinforcement

正の強化、よいところを褒めて伸ばすこと

That kind of positive reinforcement works a lot better than a strictly negative approach.

そのようにいいところを褒めて、それを伸ばすよう促すのは、よくないところを厳しく批判するよりもずっとうまくいきます。

732 priority list

優先事項リスト

Having secure health insurance is another key item on the middle-class priority list.

しっかりした健康保険に入っていることもまた、中流階級の優先事項リストにある重要項目の一つです。

Word Watch

733 nothing to lose sleep over

まったく気にならないこと

lose sleep over [about] は「…が気がかりで夜眠れない」「…を心配する[気にする]」ということ。nothing があるので、「くよくよするほどのことではない」という意味になるが、この表現は通常、否定的な文脈で用いる。

You might think having just one candy bar a day is nothing to lose sleep over.

1日に1つだけキャンディーバーを食べても、どうってことはないと思うかもしれません。

734 pat on the back

称賛[激励](のことば)

pat someone on the backと言えば、「(ねぎらったり、褒めたりする時のジェスチャーとして)(人)の背中を軽くたたく」という意味である。称賛や励ましなどのために、人の背中(肩に近い部分)を軽くたたくところからの比喩表現。

I think we can all give ourselves a well-deserved pat on the back.

皆、自分を褒めてもいいと思いますよ。

735 pros and cons of
…のよい点と悪い点、…の長所と短所

I always try to think logically about the pros and cons of a product.

私はいつも、商品のよい点と悪い点を理性的に考えるようにしています。

736 prospect of
…の見込み、…の可能性

Stock prices were threatened by the prospect of another Gulf War.

新たな湾岸戦争勃発の可能性が、株価の安定を脅かしました。

737 quality time
充実した時間

Tom and his wife spend quality time together at a lakeside log cabin.

トムは妻と一緒に、湖岸のログキャビンで充実した時を過ごします。

> 仕事や勉強などの充実した時間を意味することもあるが、家族や大切な人と過ごす時間を指すフレーズとしてよく使われる。

738 quick study
理解 [のみ込み] の早い人

My goal for the next six months is to be a quick study about my new job.

私の今後半年間の目標は、新しい仕事を早く理解することです。

739 rebound in the economy
経済の回復

Will a rebound in the economy fix the situation?

経済が回復すれば、状況はよくなるのでしょうか。

740 red-letter day

記念すべき日、祝祭日
カレンダーに赤文字で示されることから

It's a red-letter day for all of us.

今日は、私たち全員にとって、記念すべき日です。

741 road warrior ▷ No.464

出張が多い人

Most road warriors are aware of the dangers of a bad diet, lack of exercise and not getting enough sleep.

よく出張する人の多くは、ひどい食生活や運動不足、睡眠不足から生じる危険性を承知しています。

🔍 Word Watch

742 pyramid scheme

ねずみ講
加入者がねずみ算式に会員を増やすことにより、加入金額以上の金銭を得る一種の金融組織

そうした販売方式、商法のことを pyramid selling とか、アメリカのねずみ講式詐欺の一種を考案した Charles Ponzi の名前から Ponzi scheme と呼ぶ。やや婉曲的に使われる「マルチ商法」は multilevel marketing である。

He made a huge fortune cheating investors in what turned out to be the biggest pyramid scheme ever.

彼は、後に史上最大のねずみ講と判明した手口で投資家たちをだまし、ばく大な財を成したのです。

743 rotary phone

ダイヤル式の電話

dial phone とも言う。「プッシュホン」は和製英語で、英語では push-button phone などと呼ぶ。電話機はかつての壁掛け式からダイヤル式、プッシュホンへと変化してきたが、英語の表現でたとえば、「電話を切る」は hang up と、「(コートなど) を (壁に) 掛ける」と同じ表現を使うのは壁掛け式電話の時代の名残。「電話をかける」は dial the number、「911に電話をする」は dial 911 と、プッシュホンを使っていても動詞は dial を使うのが普通だ。

Today's teenagers don't know anything about rotary phones or fax machines.

今日のティーンエイジャーは、ダイヤル式の電話やファクス機のことはまったく知りません。

744 role model
手本 [規範] とされる人

I'm ashamed to admit that my husband and I aren't good role models for our daughter.

恥ずかしいことに、夫と私は娘のよいお手本ではありません。

745 rule of thumb
経験則、(経験から) 一般的にいえること

The general rule of thumb at holiday parties is to have decorations lean toward the secular side.

年末のパーティーでの一般的な決まりごとは、飾り付けを宗教色がないものにすることです。

＊lean toward　(ある考え・意見など) に傾く、…を支持する傾向がある
＊secular　宗教色のない、非宗教的な、世俗の

746 rules of the game
物事のやり方、行動規範

Social media has changed the rules of the game in how businesses relate to their customer base.

ソーシャルメディアによって、企業が顧客層とどう関係を持つかという仕事のしかたが変わってしまいました。

747 salt of the earth
地の塩
塩が食物の腐敗を防ぐことから、社会の腐敗を防ぐ高潔な人 (新約聖書より)

The middle class is seen as the bedrock of America — the salt of the earth.

中流階級はアメリカの根幹、つまり地の塩と見なされています。

748 seasoned pro

経験豊富な専門家［プロ］

It's important to be the kind of young professional that a seasoned pro can be proud of.

経験豊富なベテランが誇りに思うような、若い仕事のプロになることが重要です。

749 second nature

第2の天性、(深くしみこんだ) 習慣

For today's teens, it's second nature to text and talk at the same time.

今どきの10代の子にとっては、携帯メールと会話を同時にするのはごく自然なことです。

> second natureは「習ったり慣れたりして身についた習性や才能」を指し、become second natureと言う時には「慣れればできるようになる」というニュアンスが含まれる。たとえば、Cooking becomes second nature once you get a little practice.（少し練習すれば、料理は第2の天性として身につきますよ）という具合だ。

Word Watch

750 shareholders meeting

株主総会

「株主たちのための集会」という意味なので、本来は shareholders' meetingとアポストロフィをつけた複数所有格（plural possessive）となるべきだが、最近はアポストロフィを省略する傾向がある。団体名などでも、Womens Association や Childrens Hospitalという看板を見かけることがある。menswear, womenswear は1語として書くのが普通だが、もともとは men's wear（紳士服）、women's wear（婦人服）のことである。

The decision to spin off the health and beauty operations was approved at the last shareholders meeting.

健康・美容部門を分離独立させる決定が、先の株主総会で承認されました。

＊spin off …を分離独立させる

751 side effect

副作用

薬などの「副作用」を意味する語。しかし「思わぬよい効果」「副次的な効用」（side benefit）というニュアンスで使われることもあるため、特に否定的な意味を明白にする場合は adverse effectとする。

The side effects of medication can make it hard to sleep.

薬物投与の副作用で、なかなか眠れないこともあります。

> sense of のほかの表現としては、sense of duty（義務感）などがある。

752 sense of purpose

目的意識

CSR activities give a company an invigorating and uplifting sense of purpose.

CSR活動は、企業に活力ある前向きな目的意識をもたらします。

＊invigorating　元気づける、活気づける

753 servant leader

サーバント・リーダー
管理型リーダーではなく、ほかの人のニーズを優先的に考え、人材の育成に注力する奉仕型リーダー

Your humility is one of the things that make you a great boss — a real servant leader.

そういう謙虚さもあるので、あなたは優秀な上司、つまり真のサーバント・リーダーなのです。

754 shopping spree

買い物をしまくること

Ken's shopping sprees damaged his credit rating, and he's been blacklisted.

ケンは派手に散財して信用格付けを落とし、ブラックリストに載せられています。

755 sign of the times

（今の）時代の流れの象徴、今日 [現代] の風潮

Another sign of the times is the growth of cut-price retailers.

安売り店の増加も、今の時代を象徴するものです。

756 single-person household

単身世帯

The West Side community has experienced a significant drop in single-person households.

ウエストサイド地区では、単身世帯が大幅に減ってしまいました。

757 sluggish economy

停滞した経済［景気］、景気停滞

With the sluggish economy here in the U.S., China's high growth is a shining beacon for bright young Americans.

ここアメリカでは景気が停滞しているので、中国の高い成長率は、前途有望なアメリカの若者にとっては輝かしい光です。

＊shining beacon for　…にとっての輝かしい光明

758 small talk

雑談、世間話

One of my American friends has been telling me how important small talk is in everyday life.

あるアメリカ人の友人から、日常生活では、雑談が大切だと聞かされていました。

☞ Word Watch ☜

759 sign-up fee

入会金

sign-up bonus は「契約することによってもらえる報奨金」のことで、たとえば、ヘッドハンターから誘われた人は入社の契約書に署名することで受け取れる。sign up は「契約する」「申し込む」という意味。

The gym is now offering a discount on the initial sign-up fee.

今ならそのジムでは、最初に払う入会金が割引になります。

760 sink or swim

のるかそるか、一か八か、成功しようと失敗しようと

「沈むか泳ぐか」「溺れたくなければ泳げ」というところから、「成否はどうであろうと、自分で何とかするしかない」「うまくいってもいかなくても、全力を出してやる」という意味で使う。もともとは、魔女の疑いのある者を水中に投げて、沈めば魔女と決めつけた試罪法から。

When it came to language, it was a case of sink or swim.

言語に関しては、自分で何とかするしかありませんでした。

761 soaring cost

急増する費用、高騰する費用

The soaring cost of a college education is burdening students with crushing debt because they have to take out massive student loans.

大学の学費が高騰しているために、学生たちは高額の学資ローンを組まなければならず、多額の借金に苦しんでいます。

＊crushing debt　多額の借金［負債］

762 social profile

社会的評価、社会的なイメージ

We have been asked to pitch in and improve our corporate social responsibility program to enhance our social profile.

私たちは、わが社の社会的なイメージを高めるためのCSRプログラムを改良するのに協力してほしい、と言われています。

＊pitch in　手を貸す、協力する　▷No.201

763 something like

…ほど、およそ…

One report says something like six million Americans have been jobless for two years or longer.

ある記事によると、2年以上失業しているアメリカ人がおよそ600万人いるそうです。

764 spate of

…の多発［頻発］、相次ぐ…

We believe the current spate of spin-offs will activate the U.S. market.

私たちは、現在相次いでいるスピンオフによって、アメリカ市場が活性化されるだろうと考えています。

＊spin-off　（企業内の部門の）分離［独立、分社］

765 squeeze on
…の引き締め、…への（経済的）圧迫

The squeeze on the middle class isn't a short-term trend.

中間層への経済的な圧迫は、短期的な傾向ではありません。

＊short-term trend　短期的な傾向

766 status quo
現状

Creativity is a tool for breaking through the status quo to change things for the better.

創造力は、現状を打開して状況を好転させる手段です。

＊break through　…を突破する、…を打破する
＊change things for the better　物事を好転させる［改善する］

Word Watch

767 slip of the tongue
口を滑らすこと、失言、言い間違い

slip は通常、「（急いだり不注意だったりするために起こる）小さな誤り」のこと。slip of the pen は「書き間違い」。類義語の blunder は「ばかげた間違い」「不注意による失敗」のこと。アメリカの口語では blooper, boo-boo, gaffe, goof, screw-up, slip-up なども「へま」「失敗」の意味で使う。

A misplaced keystroke can cause much more damage than a slip of the tongue.

キーの打ち間違いは、言い間違いよりもずっと大きな害をもたらすこともあります。

768 straight shooter
正直な人、まじめ人間

「正確に撃つ」「命中させる」という意味の shoot straight から、「行動の真っ正直な人」のこと。それに対して hip shooter は「思いつきで行動する［しゃべる］人」「口の軽いやつ」のこと。shoot from the hip が「銃を腰に当てて撃つ［早撃ちをする］」であるところから。

Paul is a straight shooter. Honesty is the best policy, after all.

ポールは正直な人です。結局は、正直が最良の策です。

769 stickler for

…にうるさい人

My dad was a stickler for what he considered "proper" English.

私の父は、自分が考える「正しい」英語にうるさい人でした。

770 stock market crash

株式市場の暴落

The only people who made it through the 1929 stock market crash were the ones who read newspapers carefully.

1929年の株式市場の暴落を乗り切ったのは、新聞を注意深く読んでいた人たちだけでした。

＊make it through　…を切り抜ける、…を乗り切る

> crashは「音を立てて壊れる」イメージをもつことば。動詞としてのcrashのフレーズの一つにcrash and burnがあるが、これは「ぶつかっていって燃える」から、「大失敗する、だめになる」などの意味になる。また、I crashed early last night.は「昨夜は早い時間にふとんに倒れ込みました[疲れてすぐに眠りました]」ということ。

771 store-brand product

店の自社ブランド製品

More shoppers at my local supermarket are choosing store-brand products for items like detergent, cereal and beer.

地元のスーパーマーケットでは、洗剤、シリアル、ビールといったものは、スーパーマーケットの自社ブランド製品を選ぶ買い物客が増えています。

772 subpar performance

標準以下の出来栄え [成績、業績]

Companies see scruffy dress in the workplace as leading to a sloppy attitude and subpar performance.

職場でのだらしない服装はいいかげんな心構えや業績不振につながる、と企業は考えています。

＊scruffy dress　だらしない[ラフな]服装
＊sloppy attitude　いいかげんな態度

773 tall order

難しい[無理な]注文、手に負えない仕事

Trying to become a teetotaler in one fell swoop is a pretty tall order for most of us.

いきなり絶対禁酒主義者になろうというのは、たいていの人には、かなり難しい注文です。

*teetotaler　絶対禁酒主義者
*in one fell swoop　一挙に、一気に

> 「背が高い」と言う時のtallだが、このフレーズでは「(数量・程度が)大きな[法外な]」という意味。

774 the new normal

新しい標準、新たな基準

Blending work and family life is now the new normal.

仕事と家庭生活の融合は、今では新しい基準です。

Word Watch

775 the last straw

(我慢・忍耐の)限度を超えさせるもの[最後の付加]

It is the last straw that breaks the camel's back. ということわざからで、これは「たとえわら1本のような軽いものでも、ぎりぎりの限界まで荷を積んだラクダに加えると、その背骨は折れてしまう」の意。That's the last straw. と言えば、「忍耐の限界だ」「今度ばかり[これ以上]は勘弁できない」といった意味になる。

The last straw was when he had a fender-bender.

決定的だったのは、彼が小さな事故を起こした時でした。

*fender-bender　小さな自動車事故

776 town meeting

タウンミーティング、社員[町民]集会、対話集会

もともとは、アメリカ建国期のニューイングランドで発達した直接民主制度において、地方自治の最小単位であったtownshipの全住民による総会のこと。現代では、一般には行政当局または政治家が実施する対話型集会、あるいは企業で全社員を対象に開かれる自由討論集会を指す。town hall meetingとも呼ぶ。

Student interns sometimes take part in activities like town meetings in addition to their regular duties.

インターンの学生たちは、通常の業務のほかに、タウンミーティングなどの活動に参加することも時々あります。

777 the way to go
取るべき道、すべきこと

Crash diets definitely aren't the way to go.
急激なダイエットは、絶対にやってはいけません。

778 tip on
…についての助言、…のヒント [秘訣]

Do you have any tips on how to boost creativity?
創造力を高める秘訣はありますか。

779 to-do list
やるべきことのリスト

Every night I make a to-do list before I go to bed.
毎晩私は、床に就く前に「やるべきこと」のリストを作ります。

780 track record
実績、業績

Peter is a talented person, but his track record as financial manager is not reassuring.
ピーターは有能な人物ですが、財務担当マネジャーとしての実績は心もとないものです。

781 trade publication
業界紙、業界雑誌

I subscribe to a number of trade publications, many of which are available online.
私は業界紙を多数定期購読していますが、その多くはオンラインで手に入ります。

＊subscribe to …を定期購読する ▷No.406

782 tried-and-true tactic

（何度も試されて）信頼できる戦術

Using humor to defuse a tricky situation is a tried-and-true tactic.

ユーモアを活用するのは、難しい状況を打開する確実な方法です。

783 two-pronged approach

2方面からの方法［アプローチ］

Smart retailers are taking a two-pronged approach to this new type of consumer behavior.

賢い小売業者は、このような新しい消費者行動に2つの方向からアプローチをしています。

784 underlying issue

根本的な問題

The underlying issue here is that American consumers aren't spending the way they did before the recession.

現在の根本的な問題は、アメリカの消費者のお金の使い方が不況前と違うということです。

Word Watch

785 two-way street

両者の協力が必要な状況、相互的な関係

もともとは「対向車線のある道路」のことだが、そこから比喩的に「互恵的関係」を意味する。そうした関係を backscratching とも呼ぶ。ことわざの You scratch my back, (and) I'll scratch yours.「私の背中をかいてくれるのなら、あなたの背中をかいてあげよう」「私を助けてくれるなら、あなたを助けてあげよう」から。

Salary negotiations are a two-way street. If you want to discuss your raise, we want to discuss your performance.

給与交渉は双方向的なものです。あなたが昇給の話をしたければ、私たちもあなたの業績の話をしたいのです。

786 verbal report
口頭報告

I've asked him for a verbal report on his field trip.

彼には口頭で視察旅行の報告をするように、と伝えてあります。

＊field trip　視察旅行、見学旅行、現地調査

787 viable option
実行可能な選択肢

A three-way merger is the only viable option for these companies to survive.

これら3社が生き残るためには、3社の合併が唯一現実的な選択です。

788 vicious cycle
悪循環

vicious circleとも言う。

We've got to break out of this vicious cycle somehow.

私たちはこの悪循環から、何とかして抜け出さなければなりません。

Word Watch

789 walking papers ▷No.060
解雇通知

アメリカの口語。イギリスでは同様の意味で、marching orders（もともとの意味は「進軍命令」）を使う。walking papersもmarching ordersも複数形で用いる。アメリカではpink slipともいうが、これは給料袋の中の通知書がピンクの紙に印刷されていたことに由来するようだ。pink-slipは「解雇する」という意味の動詞。

Were you given your walking papers?

あなたは解雇されたのですか。

wake-up call

(現実に対して) 目を覚まさせる出来事、警鐘、注意を促すもの

It was a real wake-up call for them.

それはまさに、彼らへの警鐘でした。

> 「公園の中の散歩」から「楽にできること」の意味のイディオム。同じような意味で、a piece of cake もよく使われる。

walk in the park

たやすいこと、朝飯前のこと

I know it's no walk in the park.

決して簡単なものではないことはわかっています。

■ Word Watch ■

working dinner

ワーキングディナー（ビジネス会議を兼ねた夕食）

working には「（食事などが）仕事［用談］を兼ねての」という意味がある。「仕事の打合せをしながらとる朝食［昼食］」の意味で working breakfast, working lunch なども使われる。

Along with several other corporate executives, I recently attended a working dinner.

他社のエグゼクティブ数名と、最近、あるワーキングディナーに出席しました。

＊along with　…と一緒に　▷No.437

woulda, coulda, shoulda

何々をすればよかったのに、何々ができたのに、何々をすべきだったのに

この3つの語順は特に決まっていないが、would have, could have, should have の短縮形。have は弱勢なので、発音つづりでは of と書かれることもあるが、そこからさらに f の音が脱落したもの。仮定法を使って、後悔や自責の念を表すフレーズ。

All too often I fall into the trap of "woulda, coulda, shoulda."

私は「何々をすればよかったのに、何々ができたのに、何々をすべきだったのに」と行き詰まってしまうことが、あまりにも多いのです。

＊all too often　頻繁に、大抵　▷No.435
＊fall into the trap of　…のわなに陥る

794 walk of life

職業、(社会的な) 階層

More people in various walks of life all over the world have to learn at least basic English.

世界中のあらゆる業界のもっと多くの人たちが、少なくとも基礎的な英語を習得しなければなりません。

795 where you're coming from

あなたが言いたいこと、あなたの考え [気持ち]

I know where you're coming from.

あなたが言いたいことはわかりますよ。

796 whiz kid

神童、天才的な技能を持つ若者

I was competing with whiz kids who designed their first website when they were in middle school.

最初にウェブサイトをデザインしたのは中学時代だったという神童たちと、私は張り合っていたのです。

797 win-win scenario

双方が得をするシナリオ [筋書き]

It sounds like a win-win scenario for the buyer and the seller.

それは、買い手と売り手の双方にメリットのあるシナリオのようです。

798 workplace amenities

(充実した設備などを含めて提供される) 快適な職場環境

They provide workplace amenities that encourage active commuting.

彼らは、徒歩や自転車での通勤を促す設備などを職場に取り入れています。

799 would-be buyer

購入希望者

At a regular auction, would-be buyers raise their hands or paddles to make bids.

通常のオークションでは、購入希望者は手やパドルを上げて値をつけていきます。

＊make a bid　（競売・入札で）（値を）つける

800 yours truly

> おどけて話す時などに使われることが多い。

私（自身）

For yours truly, getting a flu shot is a no-brainer.

私にとって、予防接種を受けるのは考えるまでもない、簡単なことです。

＊no-brainer　考えるまでもないこと、（頭を使わなくてもできる）たやすいこと

全フレーズ・チェックリスト（アルファベット順）

すべてのフレーズをアルファベット順に並べ、カッコの中に001から800までの識別番号を記しました。フレーズの検索のほか、速習用として暗唱したり、日本語の意味を覚えたかどうか確認したり、さまざまに利用できます。チェックボックスを上手に活用して学習効果を上げてください。

A
- ABCs of manners (627)
- above and beyond the call of duty (234)
- acclimatize oneself to (263)
- achieve critical mass (123)
- acquired taste (628)
- add another wrinkle (264)
- add one's two cents' worth (491)
- add up to (124)
- adverse effect (622)
- air dirty laundry in public (271)
- alive and well (433)
- all the rage (434)
- all the same (589)
- all too often (435)
- along with (437)
- always-on, 24/7 environment (623)
- and whatnot (625)
- annual revenue (626)
- apply for (265)
- as opposed to (438)
- as the situation requires (231)
- as they say (232)
- ask for trouble (492)
- at a fraction of (439)
- at a measured pace (590)
- at all costs (440)
- at an all-time high (233)
- at the end of the day (441)
- at the risk of (442)
- at the risk of over-generalizing (094)
- at the risk of stating the obvious (235)
- attend to (125)

B
- back in the day (443)
- bang for the buck (631)
- bargain price (634)
- be a pest (498)
- be accountable for (001)
- be ahead of the curve (002)
- be all ears (126)
- be all for (266)
- be (all) on the same page (003)
- be all thumbs (493)
- be assigned to (004)
- be associated with (127)
- be at a loss (494)
- be at risk (267)
- be at someone's disposal (268)
- be attached to (269)
- be aware of (128)
- be better off (495)
- be bowled over (496)
- be captivated by (497)
- be classified as (129)
- be convinced (130)
- be cornered by (279)
- be disillusioned (499)
- be dismayed by (270)
- be distracted by (272)
- be drawn to (500)
- be dying to (501)
- be earned and deserved (273)
- be enrolled in (005)
- be fraught with danger (131)
- be full of oneself (502)
- (be) glued to the screen (503)
- be hard on someone (504)

- [ ] be here to stay (006)
- [ ] be hospitalized (507)
- [ ] be immune to (007)
- [ ] be in a bad mood (287)
- [ ] be in agony (505)
- [ ] be in no hurry to (506)
- [ ] be in the same boat (138)
- [ ] be inclined to (008)
- [ ] be indebted to (508)
- [ ] be into (509)
- [ ] be jazzed about (510)
- [ ] be labeled as (132)
- [ ] be laid up (511)
- [ ] be like the pot calling the kettle black (274)
- [ ] be loath to (275)
- [ ] be more of (133)
- [ ] be obsessed with (512)
- [ ] be on a steep learning curve (134)
- [ ] be on call 24/7 (276)
- [ ] be on everyone's lips (135)
- [ ] be on guard against (009)
- [ ] be on someone's side (136)
- [ ] be on the decline (277)
- [ ] be on the mend (010)
- [ ] be on the rise (278)
- [ ] be on the same wavelength (149)
- [ ] be on track (137)
- [ ] be out of (280)
- [ ] be out of action (281)
- [ ] be out of hand (011)
- [ ] be out of the woods (282)
- [ ] be plunged into (283)
- [ ] be preoccupied with (284)
- [ ] Be prepared. (254)
- [ ] be prone to (285)
- [ ] be saddled with (012)
- [ ] be self-conscious about (286)
- [ ] be spared (288)
- [ ] be squeezed out (013)
- [ ] be stressed out (289)
- [ ] be stuck with (513)
- [ ] (be) subject to (444)
- [ ] be taken aback (290)
- [ ] be tempted to (139)
- [ ] be tethered to (514)
- [ ] be tired of (515)
- [ ] be transferred to (291)
- [ ] be turned off by (517)
- [ ] be under tremendous pressure (140)
- [ ] be up for grabs (295)
- [ ] be up to (014)
- [ ] be up to one's neck (296)
- [ ] be up to snuff (141)
- [ ] be up to speed (142)
- [ ] be wont to (292)
- [ ] bean counting (635)
- [ ] bear the burden (143)
- [ ] beat a path to (293)
- [ ] behind someone's back (446)
- [ ] believe it or not (243)
- [ ] better still (447)
- [ ] between jobs (448)
- [ ] big shot (629)
- [ ] big-ticket item (630)
- [ ] bite the bullet (304)
- [ ] bitter pill to swallow, a (624)
- [ ] blow off (518)
- [ ] blow up at (294)
- [ ] blush to remember (519)
- [ ] boil down to (015)
- [ ] bond and equity markets (632)
- [ ] bond with (520)
- [ ] bone up on (297)
- [ ] boost productivity (016)
- [ ] bottle up one's feelings (298)
- [ ] bottom line (639)
- [ ] bottom out (017)
- [ ] bounce back (018)
- [ ] break the ice (144)
- [ ] breeding ground (633)
- [ ] bring someone on board (299)
- [ ] bring someone up to speed on (037)
- [ ] bring something to the table (145)
- [ ] bring up (146)
- [ ] brood about (300)
- [ ] burn (one's) bridges (054)

- ☐ business associate (642)
- ☐ business casual (643)
- ☐ by leaps and bounds (095)

C
- ☐ call some place home (521)
- ☐ can't stand (611)
- ☐ can't take it any longer (476)
- ☐ carbon footprint (636)
- ☐ cardinal rule (637)
- ☐ career path (638)
- ☐ career-limiting event (640)
- ☐ carry one's share of the load (147)
- ☐ carve out (148)
- ☐ cash outflow (641)
- ☐ cash outlay (644)
- ☐ cash reserve (645)
- ☐ catch forty — or twenty — winks (650)
- ☐ changing values (646)
- ☐ chill out (522)
- ☐ climb the corporate ladder (301)
- ☐ cling to (302)
- ☐ close one's doors (019)
- ☐ close to home (591)
- ☐ collaborative consumption (651)
- ☐ come as no surprise (303)
- ☐ come away with (523)
- ☐ come down the pike (150)
- ☐ come in all shapes and sizes (157)
- ☐ come in handy (525)
- ☐ come out of one's shell (526)
- ☐ come to grips with (020)
- ☐ come to think of it (236)
- ☐ come up with (151)
- ☐ command of the language (647)
- ☐ commute to work (305)
- ☐ company-wide policy (648)
- ☐ competitive edge (649)
- ☐ comport oneself (152)
- ☐ con artist (652)
- ☐ constant connectivity (653)
- ☐ constructive criticism (654)
- ☐ consumer confidence (655)
- ☐ contingent worker (658)
- ☐ control freak (656)
- ☐ cope with (021)
- ☐ corner office (659)
- ☐ Corporate America (657)
- ☐ cost a fortune (516)
- ☐ cost of living (660)
- ☐ cover all the bases (022)
- ☐ cover to cover (449)
- ☐ crop up (023)
- ☐ cross someone's path (527)
- ☐ crucial test (661)
- ☐ cubicle farm (666)
- ☐ cultural literacy (667)
- ☐ customer traffic (662)
- ☐ customer-friendly environment (663)
- ☐ cut one's way through (153)
- ☐ cut payroll (024)
- ☐ cut someone some slack (528)

D
- ☐ daunting prospect (664)
- ☐ deal with (025)
- ☐ deep down (450)
- ☐ defend oneself (154)
- ☐ delve into (306)
- ☐ demanding job (665)
- ☐ demographic change (668)
- ☐ deter someone from (155)
- ☐ digital literacy (669)
- ☐ digital native (674)
- ☐ discriminate against (307)
- ☐ do a number on (529)
- ☐ do away with (026)
- ☐ dollar store (675)
- ☐ Don't get personal. (114)
- ☐ double-dip recession (683)
- ☐ down the line (451)
- ☐ down the road (592)
- ☐ downward spiral (670)
- ☐ draw attention to (027)
- ☐ drill something into (308)
- ☐ drive someone up the wall (530)
- ☐ driving force (671)
- ☐ drop the ball (312)

E
- ☐ early riser (672)
- ☐ easy prey (673)

- [ ] eat up someone's time (531)
- [ ] economic climate (676)
- [ ] economic downturn (677)
- [ ] economic recovery (678)
- [ ] end up (156)
- [ ] endangered list (684)
- [ ] equivalent of (679)
- [ ] esprit de corps (680)
- [ ] expand on (028)
- [ ] expand one's horizons (309)
- [ ] extricate oneself from (310)

F
- [ ] fabric of society (681)
- [ ] face an uphill battle (158)
- [ ] face-to-face contact (682)
- [ ] fall back upon (159)
- [ ] fall by the wayside (311)
- [ ] fall for (534)
- [ ] fall out of use (160)
- [ ] feel the heat (313)
- [ ] fellow worker (685)
- [ ] fend for oneself (314)
- [ ] figure out (029)
- [ ] file a claim (030)
- [ ] fill out (031)
- [ ] fill the bill (032)
- [ ] financial crash (686)
- [ ] find a niche (033)
- [ ] find fault with (315)
- [ ] fire away (161)
- [ ] fish out of water (687)
- [ ] fit as a fiddle (593)
- [ ] flip side (691)
- [ ] food for thought (688)
- [ ] foot the bill (316)
- [ ] for a change (594)
- [ ] for that matter (096)
- [ ] Fortune 500 firms (692)
- [ ] fret about (317)
- [ ] full of vim and vigor (452)

G
- [ ] gain a new perspective on (162)
- [ ] gain insight into (034)
- [ ] get [have] a handle on (035)
- [ ] get behind the wheel (318)
- [ ] get butterflies in one's stomach (319)
- [ ] get by (163)
- [ ] get called on the carpet (164)
- [ ] get cold feet about (535)
- [ ] get down to brass tacks (036)
- [ ] get fed up with (536)
- [ ] get firing on all cylinders (165)
- [ ] get hitched (537)
- [ ] get in touch with (167)
- [ ] get into a negative rut (038)
- [ ] get into the habit of (322)
- [ ] get mixed reactions (039)
- [ ] get off one's butt (538)
- [ ] get over it (323)
- [ ] get right down to it (168)
- [ ] get someone's hackles up (324)
- [ ] get someone's message across (040)
- [ ] get the ball rolling (325)
- [ ] get the better of (326)
- [ ] get the hang of (327)
- [ ] get the skinny on (166)
- [ ] get things under way (041)
- [ ] get tongue-tied (539)
- [ ] get under someone's skin (540)
- [ ] get up on [get out of] the wrong side of the bed (524)
- [ ] give one's blessing (542)
- [ ] give rise to (042)
- [ ] give someone a funny look (543)
- [ ] give someone a head start (169)
- [ ] give someone a piece of one's mind (328)
- [ ] give someone an edge (170)
- [ ] give someone pointers (043)
- [ ] give the thumbs-up to (544)
- [ ] give up on (171)
- [ ] go a long way toward (545)
- [ ] go against (044)
- [ ] go all out to (045)
- [ ] go along with (172)
- [ ] go cold turkey (320)
- [ ] go for (185)
- [ ] go for it (331)
- [ ] go for the hard sell (173)

- [ ] go only so far (174)
- [ ] go out on a limb (175)
- [ ] go places (332)
- [ ] go the extra mile (333)
- [ ] go the way of the dodo (321)
- [ ] go to the dogs (176)
- [ ] go with the flow (046)
- [ ] goof off (546)
- [ ] Great Recession (689)
- [ ] ground rules (696)
- [ ] guided tour (699)
- [ ] gut feeling (700)

H
- [ ] hang out with (334)
- [ ] hard-and-fast rule (690)
- [ ] harp on (335)
- [ ] have a ball (336)
- [ ] have a blast (337)
- [ ] have a crush on someone (547)
- [ ] have a field day (548)
- [ ] have a firsthand look at (047)
- [ ] have a lot going for one (177)
- [ ] have a lot to answer for (048)
- [ ] have a nagging question (549)
- [ ] have a nose for (178)
- [ ] have a tough time (338)
- [ ] have a whale of a time (532)
- [ ] have a yen for (551)
- [ ] have an aversion to (552)
- [ ] have got a lot on one's plate (339)
- [ ] have got one's heart set on (341)
- [ ] have (got) one's nose in (342)
- [ ] have (got) one's work cut out for one (179)
- [ ] have hard feelings (533)
- [ ] have no compunction about (553)
- [ ] have something in common (180)
- [ ] have the option (181)
- [ ] head on (237)
- [ ] head south (182)
- [ ] Heaven help me if (477)
- [ ] hit a brick wall (055)
- [ ] hit a target (049)
- [ ] hit it off (554)
- [ ] hit the nail (right) on the head (050)

- [ ] hit the sack (541)
- [ ] hog the limelight (343)
- [ ] Hold on to your hat. (251)
- [ ] hold one's breath (329)
- [ ] Hold your horses. (257)
- [ ] hone one's skills (183)
- [ ] hook someone up with (184)
- [ ] hordes of (693)
- [ ] household chores (694)
- [ ] household name (695)
- [ ] human capital (697)
- [ ] human resources (698)

I
- [ ] I can't believe my ears! (480)
- [ ] I wouldn't be surprised if (481)
- [ ] I'll bet. (482)
- [ ] I've had it up to here with (617)
- [ ] identify with (344)
- [ ] if it's any consolation (453)
- [ ] if you don't mind my saying so (238)
- [ ] impulse buying (701)
- [ ] in a sense (455)
- [ ] in detail (239)
- [ ] in disguise (595)
- [ ] in exchange for (456)
- [ ] in flux (240)
- [ ] in line with (097)
- [ ] in my humble opinion (106)
- [ ] in one's [someone's] book (098)
- [ ] in one's capacity as (099)
- [ ] in preparation for (100)
- [ ] in someone's shoes (436)
- [ ] in tandem with (241)
- [ ] in the blink of an eye (596)
- [ ] in the end (101)
- [ ] in the forefront of (102)
- [ ] in the heat of the moment (242)
- [ ] in the hope (457)
- [ ] in the midst of (458)
- [ ] in turn (459)
- [ ] in vogue (597)
- [ ] incorporate something into (051)
- [ ] indulge in (555)
- [ ] instill in someone (345)

- ☐ insurance for a rainy day (707)
- ☐ interact with (556)
- ☐ into the bargain (598)
- ☐ inventory expense (702)
- ☐ It was so 1999. (616)
- ☐ It wasn't your day. (483)
- ☐ it's a different story (252)
- ☐ It's a whole new ballgame. (478)
- ☐ it's dollars to donuts (that) (479)
- ☐ It's no picnic. (484)
- ☐ ivory tower (708)

J ☐ job applicant (703)
- ☐ job performance (704)
- ☐ job seeker (705)
- ☐ jog someone's memory (346)
- ☐ jot down (186)
- ☐ judging by (103)
- ☐ juggle work and family responsibilities (330)
- ☐ jump on the bandwagon (187)
- ☐ jury is still out on, the (117)

K ☐ keep a stiff upper lip (340)
- ☐ keep an eye on (052)
- ☐ keep in touch (188)
- ☐ keep [stay] on top of (053)
- ☐ keep one's head above water (349)
- ☐ keep someone afloat (056)
- ☐ keep someone [something] at bay (350)
- ☐ keep track of (057)
- ☐ keep up with (351)
- ☐ kick back (550)
- ☐ kick oneself (558)
- ☐ knot a tie (347)
- ☐ know one's way around (189)

L ☐ labor cost (706)
- ☐ labor force (709)
- ☐ lack of class (710)
- ☐ last straw, the (775)
- ☐ latch onto (352)
- ☐ lay down the law (058)
- ☐ learn a lesson (059)
- ☐ learn new tricks (202)
- ☐ learn the ropes (353)
- ☐ leave a lot to be desired (190)

- ☐ lend a helping hand (557)
- ☐ let go (060)
- ☐ let someone down (191)
- ☐ life span (711)
- ☐ life-changing experience (712)
- ☐ lighten up (354)
- ☐ like it or not (244)
- ☐ like lightning (599)
- ☐ limp fish (713)
- ☐ linger on (559)
- ☐ lingua franca (716)
- ☐ live from one paycheck to the next (348)
- ☐ live up to (192)
- ☐ long-haul flight (714)
- ☐ look after (061)
- ☐ look into (062)
- ☐ look over one's shoulder (357)
- ☐ lose face (364)
- ☐ lose sight of (193)
- ☐ lose track of (355)
- ☐ luck out (356)

M ☐ major player (715)
- ☐ make a beeline for (365)
- ☐ make a go of it (358)
- ☐ make a mental note (194)
- ☐ make an excuse for (359)
- ☐ make an offer (063)
- ☐ make ends meet (360)
- ☐ make it (195)
- ☐ make one's mark on the world (361)
- ☐ many's the time (485)
- ☐ median age (718)
- ☐ meet face-to-face (374)
- ☐ meet someone in person (196)
- ☐ meet someone's expectations (065)
- ☐ mess up (560)
- ☐ Middle America (717)
- ☐ might well be (612)
- ☐ mind you (460)
- ☐ much less (600)
- ☐ mull over (362)
- ☐ mutual respect (719)

N ☐ navigate through (363)

- [ ] neck of the woods (721)
- [ ] negative feedback (724)
- [ ] nest egg (720)
- [ ] new kid on the block (722)
- [ ] new normal, the (774)
- [ ] next thing you know (601)
- [ ] no doubt about it (253)
- [ ] no end (245)
- [ ] no laughing matter (725)
- [ ] nod off (561)
- [ ] nonessential item (723)
- [ ] not for love or money (461)
- [ ] not practice what one preaches (383)
- [ ] not to mention (246)
- [ ] not to sweat the small stuff (568)
- [ ] nothing beats (613)
- [ ] nothing to lose sleep over (733)

O
- [ ] office politics (726)
- [ ] Oh, come on. (614)
- [ ] on a first-come, first-served basis (602)
- [ ] on a more positive note (247)
- [ ] on a shrinking budget (104)
- [ ] on company time (463)
- [ ] on second thought (105)
- [ ] on the downside (107)
- [ ] on the premise that (108)
- [ ] on the road (464)
- [ ] on the verge of (465)
- [ ] one's heart goes out to (615)
- [ ] opt to (066)
- [ ] out of fashion (466)
- [ ] out of left field (603)
- [ ] out of place (604)
- [ ] out of the blue (445)
- [ ] out of this world (605)
- [ ] out of work (454)
- [ ] over the course of (467)

P
- [ ] pat on the back (734)
- [ ] pay a premium for (197)
- [ ] pay attention to (198)
- [ ] pay off (199)
- [ ] pay the price (200)
- [ ] penny-pinching type (727)

- [ ] people skills (728)
- [ ] performance appraisal (729)
- [ ] pet peeve (730)
- [ ] pick someone's brain (366)
- [ ] pick up steam (067)
- [ ] pick up the tab (367)
- [ ] pitch in (201)
- [ ] play devil's advocate (203)
- [ ] play it smart (391)
- [ ] play it straight (368)
- [ ] Please accept my apologies. (115)
- [ ] pony up (562)
- [ ] positive reinforcement (731)
- [ ] prevent someone from (369)
- [ ] prick up one's ears (563)
- [ ] priority list (732)
- [ ] propel something forward (068)
- [ ] pros and cons of (735)
- [ ] prospect of (736)
- [ ] pull off (370)
- [ ] pull out all the stops to (204)
- [ ] pull someone's leg (564)
- [ ] pull through (371)
- [ ] put a damper on (372)
- [ ] put a firewall between . . . and . . . (400)
- [ ] put a name to the face (373)
- [ ] put a premium on (069)
- [ ] put one's house in order (375)
- [ ] put someone off (376)
- [ ] put someone's mind at ease (377)
- [ ] put something down to (378)
- [ ] put the shoe on the other foot (070)
- [ ] pyramid scheme (742)

Q
- [ ] quality time (737)
- [ ] quick study (738)

R
- [ ] rain on someone's parade (379)
- [ ] raise eyebrows (410)
- [ ] raise money (380)
- [ ] raise the bar (205)
- [ ] reach out (565)
- [ ] rebound in the economy (739)
- [ ] recharge one's batteries (381)
- [ ] red-letter day (740)

- ☐ reinvent oneself (382)
- ☐ relate to (566)
- ☐ relocate to (384)
- ☐ resolve to (071)
- ☐ rest on one's laurels (074)
- ☐ right off the bat (462)
- ☐ road warrior (741)
- ☐ rock the boat (211)
- ☐ role model (744)
- ☐ rotary phone (743)
- ☐ rub someone the wrong way (419)
- ☐ rule of thumb (745)
- ☐ rules of the game (746)
- ☐ run around like a chicken with its head cut off (385)
- ☐ run rings around someone (206)
- ☐ run the risk of (207)
- ☐ run up a tab (386)

S
- ☐ salt of the earth (747)
- ☐ score points (387)
- ☐ screen out (388)
- ☐ screw up (208)
- ☐ seasoned pro (748)
- ☐ second nature (749)
- ☐ see the big picture (072)
- ☐ see the lighter side of things (209)
- ☐ see the writing on the wall (218)
- ☐ see things in a different light (255)
- ☐ sense of purpose (752)
- ☐ servant leader (753)
- ☐ set a time frame for (073)
- ☐ set aside (567)
- ☐ set the standards for (075)
- ☐ set the world on fire (064)
- ☐ settle in (389)
- ☐ shake one's reputation (390)
- ☐ shape up to (392)
- ☐ shareholders meeting (750)
- ☐ shed the pounds (569)
- ☐ shift into high gear (076)
- ☐ shopping spree (754)
- ☐ shut down (077)
- ☐ side effect (751)

- ☐ sign of the times (755)
- ☐ sign on the dotted line (393)
- ☐ sign-up fee (759)
- ☐ single-person household (756)
- ☐ sink or swim (760)
- ☐ sit in (078)
- ☐ slack off (394)
- ☐ slash costs (079)
- ☐ slip of the tongue (767)
- ☐ slip up (570)
- ☐ sluggish economy (757)
- ☐ small talk (758)
- ☐ smart from (395)
- ☐ snap out of (571)
- ☐ snap up (572)
- ☐ snare the best deal (080)
- ☐ soaring cost (761)
- ☐ social profile (762)
- ☐ someone's [something's] days are numbered (618)
- ☐ something like (763)
- ☐ something tells me (256)
- ☐ spare a minute (210)
- ☐ spate of (764)
- ☐ speaking of (109)
- ☐ spell out (212)
- ☐ splurge on (573)
- ☐ spring up (213)
- ☐ spruce up (574)
- ☐ squeeze on (765)
- ☐ stand out from (219)
- ☐ stand up for oneself (396)
- ☐ start out in life (214)
- ☐ status quo (766)
- ☐ stay constantly connected with (397)
- ☐ stay on top of one's game (215)
- ☐ stay out of the loop (398)
- ☐ stay wired (399)
- ☐ steer clear of (081)
- ☐ step into the breach (082)
- ☐ stick one's nose in (427)
- ☐ stick to (216)
- ☐ stick with (401)

- stickler for (769)
- stifle one's yawn (402)
- stir up (403)
- stock market crash (770)
- store-brand product (771)
- story is that, the (487)
- straight out (468)
- straight shooter (768)
- stretch oneself too thin (083)
- strike an emotional chord (084)
- strike someone as (404)
- strike someone's fancy (575)
- strike the right balance between (085)
- strike up a conversation (405)
- submit to (217)
- subpar performance (772)
- subscribe to (406)
- subsist on (576)
- succumb to (220)
- suffer a setback (407)
- suit someone to a tee (578)
- sum up (086)
- swallow one's pride (579)

T
- take a break from (408)
- take a leaf from the same book (221)
- take a leave of absence (409)
- take a toll (222)
- take a year off (580)
- take advantage of (411)
- take credit for (412)
- take note of (223)
- take on (413)
- take one's hat off to (428)
- take someone under one's wing (581)
- take something as a given (224)
- take something in one's stride (087)
- take something personally (225)
- take something the wrong way (414)
- take something to heart (088)
- take something too far (415)
- take the bull by the horns (432)
- take to something like a duck to water (577)
- take up (582)

- talk dollars and cents (416)
- tall order (773)
- tap into (226)
- tell off (417)
- That's a new one on me. (486)
- That's the spirit. (619)
- that's what I call (116)
- The days when . . . are long gone. (488)
- The list goes on and on. (259)
- there is a lot to be said for (120)
- there is no denying that (260)
- there is no substitute for (261)
- thing is, the (113)
- thing of the past, a (621)
- think highly of (089)
- think on one's feet (227)
- think out of the box (228)
- through the mill (470)
- throw curveballs (418)
- time is ripe to, the (118)
- tip on (778)
- to be realistic (110)
- to level with you (469)
- to make a long story short (472)
- to name just a few (111)
- to one's heart's content (607)
- to put it simply (248)
- to the max (249)
- to this day (473)
- to-do list (779)
- top the list (420)
- toss ideas around (090)
- town meeting (776)
- track record (780)
- trade in (583)
- trade publication (781)
- translate into (421)
- translate something into action (091)
- treat oneself to (422)
- treat plastic as cash (586)
- trend is toward, the (119)
- tried-and-true tactic (782)
- tune out (584)

- ☐ turn one's nose up (423)
- ☐ turn out to be (585)
- ☐ turn over a new leaf (424)
- ☐ turn someone off (229)
- ☐ two-pronged approach (783)
- ☐ two-way street (785)
- **U** ☐ underlying issue (784)
- **V** ☐ verbal report (786)
- ☐ verge on (425)
- ☐ viable option (787)
- ☐ vicious cycle (788)
- ☐ vow to (587)
- **W** ☐ wake up and smell the coffee (426)
- ☐ wake-up call (790)
- ☐ walk in the park (791)
- ☐ walk of life (794)
- ☐ walking papers (789)
- ☐ way someone sees it, the (606)
- ☐ way to go, the (777)
- ☐ wean oneself from (429)
- ☐ weigh in (092)
- ☐ weigh someone down (430)
- ☐ We've all been there. (620)
- ☐ What do you make of . . . ? (489)
- ☐ what on earth (608)
- ☐ what's in it for (122)
- ☐ What's next on your agenda? (121)
- ☐ when it comes to (112)
- ☐ when the muse strikes (474)
- ☐ where you're coming from (795)
- ☐ whiz kid (796)
- ☐ Who'd have thunk it? (258)
- ☐ wind up with (588)
- ☐ win-win scenario (797)
- ☐ with no end in sight (250)
- ☐ with [have] one's head in the clouds (609)
- ☐ with one's nose to the grindstone (471)
- ☐ work off stress (431)
- ☐ work out (093)
- ☐ work *pro bono* (230)
- ☐ working dinner (792)
- ☐ workplace amenities (798)
- ☐ worlds [a world] away (610)
- ☐ would-be buyer (799)
- ☐ woulda, coulda, shoulda (793)
- **Y** ☐ you name a subject (475)
- ☐ You said it. (262)
- ☐ Your presence will be greatly missed. (490)
- ☐ yours truly (800)

全フレーズの日本語意味一覧

001から800まで、フレーズの識別番号順に日本語の意味を一覧にしてあります。
日本語の意味から英語のフレーズを言えるかどうか、確認ができます
(本文ページの当該識別番号に戻って確認します)。
チェックボックスを上手に活用して学習効果を上げてください。

001 □ …について説明責任がある
002 □ 時代を先取りしている、他に先んじている
003 □ 全員の意見が一致している、皆が同じ考えを持っている
004 □ …に配属される、…に任命される
005 □ …に登録している、…に入学[入会]する
006 □ (世の中に)定着している
007 □ …の影響を受けない、…を免れる
008 □ …したいと思う、…してもいいと思う
009 □ …に警戒[注意]している
010 □ 好転している、回復している
011 □ 手に負えない、手に余る
012 □ …を負う、…を抱える
013 □ 廃業[中止]に追い込まれる、締め出される
014 □ …の責任[義務]である
015 □ 結局は…である、つまり…ということになる
016 □ 生産性を高める
017 □ 底に達する、底を打つ
018 □ 立ち直る、盛り返す
019 □ 店じまいする、廃業[倒産]する
020 □ …に取り組む、…を把握する[押さえる]
021 □ …にうまく対処する
022 □ 万全の準備をする、抜かりなく行う
023 □ (不意に)出現する
024 □ 社員を減らす、人員削減をする
025 □ (人・会社など)と取引する
026 □ …を廃止する
027 □ …に(人々の)目を向けさせる、…に目[注意]を向ける
028 □ …をさらに詳しく述べる[説明する]
029 □ …を解決する、(答えなど)を見つけ出す
030 □ 賠償[補償]要求を出す、被害届を出す
031 □ …に(必要事項を)記入する
032 □ 要求[要件]を満たす
033 □ ニッチ[市場の隙間]を見つける
034 □ …に対する洞察を得る、…を深く理解する、…を見抜く
035 □ …を理解する、…を把握する
036 □ (問題の)核心に入る、肝心なことに触れる
037 □ …についての(最新)情報を(人)に伝える
038 □ 悪い状況にはまり込む、悪循環に陥る
039 □ 賛否両論の反応を得る
040 □ (人)のメッセージを伝える、(人)の考えを理解させる
041 □ 物事を進行させる
042 □ …を引き起こす、…を生じさせる
043 □ (人)に助言[アドバイス]を与える
044 □ …に反する、…に逆らう
045 □ …するために全力を尽くす
046 □ 流れ[時流]に従う
047 □ …を直接見る、…をこの目で見る
048 □ …について大いに責任がある
049 □ 目標を達成する
050 □ 的を射たことを言う、図星である、核心を突く
051 □ (物)を…に取り入れる
052 □ …を見張る、…を見守る
053 □ …を把握し続ける、…に通じている
054 □ 元に戻れない状況を作る、背水の陣を敷く
055 □ 壁に突き当たる、停滞する
056 □ (人・企業など)を(経済的に)持ちこたえさせる、…を破産[破綻]させない
057 □ …を追跡する、…を把握し続ける
058 □ 命令的に言い渡す
059 □ 教訓を得る
060 □ …を解雇する
061 □ …の面倒を見る、…に責任を持つ、…を担当する
062 □ …を調べる、…を検討する
063 □ (職の)オファーをする

064 □ 大成功を収める、有名になる
065 □ (人)の期待に沿う[応える]
066 □ …するほうを選ぶ
067 □ 勢いづく、活発になる、加速する
068 □ …を推進する、…を前進させる
069 □ …を重要視する
070 □ 立場を逆にする
071 □ …することに決める
072 □ 全体像を見る、大局をとらえる
073 □ …に期限を定める
074 □ 現在の成功[栄誉]に満足する
075 □ …の基準を設ける[作る]
076 □ スピードを上げる、本格化する、軌道に乗る
077 □ …を閉鎖する、…の営業[操業]をやめる
078 □ 参加する、傍聴する、聴講する、話を聞く
079 □ コストを(大幅に)削減する
080 □ 最良の取引をものにする、最も得な買い物をする
081 □ …を避ける
082 □ 代理を務める、急場を助ける
083 □ 手を広げ過ぎる
084 □ 心の琴線に触れる、心に訴える
085 □ …の間のちょうどよいバランスを取る
086 □ まとめる、総括する
087 □ …に冷静に対処する
088 □ …を真剣に受け止める、…を肝に銘じる
089 □ …を高く評価する
090 □ アイデアをあれこれ検討する
091 □ …を行動に移す、…を実践する
092 □ 議論に加わる、割って入る
093 □ うまくいく、…という結果になる
094 □ 一般化しすぎかもしれないが、あまりに大ざっぱな一般論かもしれないが
095 □ 飛躍的に、とんとん拍子に
096 □ (それについて)さらに言えば
097 □ …に合致して、…に応じて
098 □ (人)が思うには、(人)の意見では
099 □ …の立場[資格]で、…として
100 □ …に備えて、…に向けて
101 □ 最後に、結局(は)
102 □ …の最前線にあって
103 □ …から判断すると
104 □ より少ない予算で
105 □ よく考えてみて、考え直した結果
106 □ 私見[卑見]によれば、私に言わせていただければ
107 □ マイナス面は、欠点は
108 □ …という前提で
109 □ …といえば
110 □ 現実的に言えば、現実問題として
111 □ 少しだけ例を挙げれば
112 □ …ということになれば、…に関して言えば
113 □ 実は、大切なのは、要は
114 □ 個人攻撃をするな。
115 □ 謝罪を受け入れてください。申し訳ございません。
116 □ それこそまさに…だ
117 □ …についてはまだ結論が出ていない
118 □ …するのに機は熟した、…してもいいころだ
119 □ …の傾向にある
120 □ …には利点がたくさんある
121 □ 次の予定は何ですか。
122 □ …にとってどんな利点[利益]があるのか
123 □ 臨界量[点]に達する、(あることを行うのに)必要な量に達する
124 □ (合計が)…になる、(結局は)…をもたらす
125 □ …を処理する、…を片づける
126 □ 熱心に耳を傾けている
127 □ …を連想させる、…と結び付けられる
128 □ …を知っている、…について承知している
129 □ …に分類されている
130 □ 確信する
131 □ 危険をはらんでいる、非常に危険である
132 □ …というレッテルを貼られる、…と呼ばれる
133 □ どちらかといえば…である、むしろ…である
134 □ 急ピッチで学習する
135 □ だれもが口にする、みんなが興味を持っている、人口に膾炙する
136 □ (人)の味方である、(人)に賛成している
137 □ 軌道に乗っている、順調に進んでいる
138 □ 同じ境遇にある、運命を共にしている
139 □ …したくなる
140 □ 大変な重圧[圧力]をかけられている
141 □ 一定の水準に達している、まずまずの出来である
142 □ 精通している、(事情を)よく知っている
143 □ 負担を引き受ける
144 □ (話などの)口火を切る、糸口を見つける、緊張をほぐす、場を和ませる
145 □ 貢献できるものを提供する、会議で提案する
146 □ (話題など)を持ち出す
147 □ (共同でやる仕事で)自分の分担を負う
148 □ (苦労して)…を手に入れる[作り出す]

149 □ 同じ考え方である、波長が合っている	
150 □ 現れる、出てくる	
151 □ …を思いつく、…を考え出す	
152 □ ふるまう、行動する	
153 □ …を切り開いていく	
154 □ 自己弁護する	
155 □ (人) に…をやめさせる [断念させる]	
156 □ 結局…になる、…で終わる	
157 □ さまざまな種類がある [いる]、多種多様だ、多彩だ	
158 □ 苦しい闘いに直面する	
159 □ …に頼る、…を当てにする	
160 □ 廃れる、使われなくなる	
161 □ (命令形で、相手の質問を促して) どうぞ (聞いてください)	
162 □ …に対する新たな視点 [見方] を得る	
163 □ 何とかやっていく、(言語・学科などが) そこそこできる	
164 □ 呼びつけられて叱責される	
165 □ エンジンをフル回転させる、全力をあげる	
166 □ …についての情報を手に入れる	
167 □ …と連絡を取る、…と接触する	
168 □ 突き詰めて考える	
169 □ (人) に有利なスタートを切らせる、(人) を (最初から) 優位に立たせる	
170 □ (人) を優位に立たせる、(人) を有利にする	
171 □ …に見切りをつける、…を断念する	
172 □ …に賛成 [同意、同調] する	
173 □ 強引な売り込み [販売] 方法を取る	
174 □ 限度 [限界] がある	
175 □ 危険を冒す、思い切ってやる	
176 □ 落ちぶれる、落ち目になる	
177 □ 利点 [いいところ] がたくさんある、たくさんの魅力がある	
178 □ …をかぎつけるのが上手である	
179 □ (人) が苦労する、(人) にとって一仕事である	
180 □ 共通して…を持つ、…の点が共通している	
181 □ 選択肢を持つ	
182 □ 悪化する、落ち込む	
183 □ スキル [技能、腕] を磨く	
184 □ (人) を…と組ませる、(人) に…を紹介する	
185 □ …を選ぶ、…にする	
186 □ …を書き留める [メモする]	
187 □ 時流に便乗する、(後れを取るまいと) 流行のものに飛びつく	

188 □ 連絡を取り合う、連絡を保つ	
189 □ …がよくわかっている、…に精通している、…の地理に明るい	
190 □ 遺憾な点が多い、まだまだ不十分である	
191 □ (人) をがっかりさせる、(人) の期待を裏切る	
192 □ (期待など) に沿う、…にかなう	
193 □ …を見失う、…を忘れる	
194 □ 肝に銘じる、心に留める	
195 □ (会合などに) 何とか出席する、都合をつける	
196 □ (人) にじかに会う	
197 □ …に割増料金を払う、…に余分にお金を出す	
198 □ …に注意を払う、…に留意する	
199 □ …を全額払う、…を完済する	
200 □ 付け [代償] を払う	
201 □ 協力する、参加する	
202 □ 新しいことを学ぶ [覚える]	
203 □ (議論を活発にするために) わざと異論を唱える	
204 □ …しようと最大限の努力をする	
205 □ レベルを上げる、水準を高くする	
206 □ (人) よりはるかに勝っている	
207 □ …という危険を冒す	
208 □ へまをやらかす、大失敗をする	
209 □ 物事の明るい面を見る	
210 □ 少し時間を割く	
211 □ 波風を立てる、面倒を起こす	
212 □ …を詳しく説明する	
213 □ 生じる、誕生する	
214 □ 社会 [世の中] に出る、人生のスタートを切る	
215 □ 絶好調を保つ	
216 □ …をやり通す、…を貫く、…を続ける	
217 □ …に応じる	
218 □ (悪い) 前兆を見てとる	
219 □ …から抜きん出ている、…よりずっと優れている [目立つ]	
220 □ …に屈する、…に負ける	
221 □ 同じようなことをする	
222 □ 被害をもたらす、悪影響を与える	
223 □ …に注目する、…に注意を払う	
224 □ …を当然のことだと見なす [思う]	
225 □ …を個人攻撃と考える	
226 □ …を引き出す、…をうまく利用する	
227 □ 素早く判断する、機転を利かせる	
228 □ 独創的な考え方をする	
229 □ (人) に興味を失わせる、(人) をうんざりさせる	
230 □ 無料で働く	

231	状況に応じて
232	よく言われるように、ことわざにあるように
233	史上最高で、これまでになく高い
234	職務範囲を超えて
235	わかりきったことを言うようですが
236	そういえば、考えてみると
237	真正面から
238	こう言っては失礼ですが、こう言ってよければ
239	詳細に、詳しく
240	絶えず変化して、流動的で
241	…と歩調を合わせて、…とともに
242	(一時の)興奮に駆られて、かっとして
243	信じてもらえないかもしれないが
244	好むと好まざるとにかかわらず、いやが応でも
245	非常に、とても
246	…は言うまでもなく、…はもちろん
247	もっと前向きな[明るい]話をすると
248	簡単に言えば、はっきり言って
249	非常に、最高に、ピークに
250	終わりが見えずに、いつまで続くかわからずに
251	びっくりしないで[驚かないで]ください。
252	話は別だ
253	それは間違いない、それは確かだ
254	備えよ常に。
255	物事を違う角度から見る、物事に対して違う見方をする
256	…という気がする、おそらく…だろう
257	慌てるな。落ち着け。ちょっと待って。
258	そんなこと思ってもみなかった。これは驚き[意外]だ。
259	(例を挙げれば)ほかにもまだまだある。
260	…ということは否定できない
261	…に代わるものはない
262	まったくそうだ。まさにそのとおりだ。
263	…に順応する
264	別の問題をもたらす
265	…に申し込む、…を申請する
266	…に大賛成である
267	危険にさらされる
268	(人)が自由に使える、(人)の思いのままになる
269	…を好む、…に愛着がある、…を慕っている
270	…に失望[落胆、狼狽]する
271	内輪の恥をさらす[外に出す]
272	…のために気が散っている
273	もらって[受けて]当然のものである、もらう[受ける]だけの価値がある
274	自分のことは棚に上げて人を非難するようなものである
275	…するのに気が進まない、…する気にならない
276	いつでも待機している
277	減少している
278	上昇している、増加している
279	…に追い詰められる、…から逃げられなくなる
280	…がない、…を切らしている
281	活動できない、働けない
282	危機を脱している、もう安心である
283	…に追いやられる[ほうり込まれる]
284	…で頭の中がいっぱいである
285	…の傾向がある
286	…を気にしている、…について自意識過剰である
287	機嫌が悪い、不機嫌である
288	免れる、なしで済む
289	ストレスで疲れ果てる
290	びっくりする、めんくらう
291	…に転勤する、…に移転する
292	決まって…する、よく…する
293	…に押しかける、…に殺到する
294	(人)に対して激怒する
295	だれでも手に入れられる、容易に手に入る、だれにでもチャンスがある
296	とても忙しい、かかりきりである
297	…を猛勉強する、…を頭にたたき込む
298	感情を抑える[押し殺す]
299	(人)を仲間に加える、(人)を一員に迎える
300	…についてあれこれ[くよくよ]考える
301	出世の階段を上る、出世[昇進]する
302	…にしがみつく、…に固執する
303	驚きではない
304	歯を食いしばって耐える、困難に立ち向かう
305	通勤する
306	(問題など)を掘り下げて考える、(情報を求めて)…を調べる[研究する]
307	…を差別する、…を冷遇する
308	(物事など)を…に教え込む[たたき込む]
309	視野を広げる
310	…から抜け出す
311	途中でだめになる、挫折する
312	へまをする、ミスをする
313	プレッシャーを感じる

314	自力でやっていく、自活する	354	気が晴れる、状況が和らぐ
315	…のあら探しをする、…にけちをつける	355	…がわからなくなる、…を見失う、…を忘れる
316	支払いをする、費用を出す	356	運がいい、ついている
317	…について思い悩む	357	びくびくする
318	(車の) 運転席に座る、運転する	358	成功する、一旗揚げる
319	どきどきする、そわそわして落ち着かない	359	…の言い訳をする
320	いきなり [きっぱりと] やめる	360	家計をやりくりする、生活の収支を合わせる
321	絶滅 [消滅] する、廃れる	361	この世に名を残す、世の中で成功する
322	…の習慣が身につく、いつも…をするようになる	362	…をあれこれ考える、…を熟考する
323	立ち直る	363	…を通り抜ける
324	(人) を怒らせる [かっとさせる]	364	メンツ (面子) を失う、顔がつぶれる、顔に泥を塗る
325	(…を) 始める、(…の) 口火を切る	365	…へ一直線に行く、…に飛んでいく
326	…を負かす、(感情などに) …が負ける [流される]	366	(人) の知恵を借りる
327	…のコツをつかむ、…に慣れる	367	勘定を払う、費用をもつ
328	(人) に文句を言う、(人) をしかりつける	368	誠実な [正直な] 行動を取る、まじめにやる
329	期待する	369	(人) を妨げて…させない、(人) が…するのを止める
330	仕事と家族に対する責任 [義務] を両立させる	370	…をうまくやり遂げる、…をうまくやってのける
331	(目標に向かって) がんばる	371	(病気・困難などを) 乗り切る、回復する
332	成功する、出世する	372	…に水を差す、…の妨げになる
333	一層の [特別な] 努力をする	373	名前と顔が一致する
334	…と付き合う、…と親しくする	374	直接会う
335	…をくどくど繰り返し言う	375	自らの態度を改める、自分の行いを正す
336	楽しむ	376	(人) に嫌悪感を持たせる、(人) をうんざりさせる
337	大いに楽しむ	377	(人) を安心させる
338	苦労する、苦境に立つ	378	(物、事) を…のせいにする [おかげだと思う]
339	(仕事など) やるべきことが山ほどある、手いっぱいである	379	(人) の楽しみに水を差す
340	何があっても冷静で自分の感情を表に出さない、何事にも平然としている	380	お金を集める、募金する
341	…を強く望む、…を心に決める	381	(休息して) 元気を取り戻す、充電する
342	…に夢中になっている	382	再出発する、自己改革する
343	人の注目を独占する	383	人に説教することを自分で実践しない、口先ばかりである
344	…に共感する、…に自分を重ね合わせる	384	…に移籍する、…に転勤する
345	(人) に…を植えつける [教え込む]	385	あたふたと駆けずり回る
346	(人) の記憶を呼び覚ます	386	勘定 [付け] をためる、多額の付けをする
347	ネクタイを結ぶ	387	点数を稼ぐ、優位に立つ、好印象を与える
348	給料ぎりぎりの生活をする、その日暮らしをする	388	…を (選別して) 排除する
349	(借金をせずに) 何とかやっていく、どうにか持ちこたえる	389	(新しい環境などに) 慣れる [落ち着く]
350	(人・物) を (未然に) 防ぐ、(人・物) を寄せつけない	390	評判を払拭する
351	…に遅れずについていく	391	賢く立ち回る、賢明にふるまう
352	(考えなど) を取り入れる、(流行など) に乗る [飛びつく]	392	…になる、…に発展する
353	コツを学ぶ、要領を覚える	393	(文書の) 点線の上に署名する、署名欄に署名する
		394	怠ける、手を抜く

#	意味	#	意味
395	…で悩む、…に憤慨する、…で心を痛める	438	…とは対照的に、…より(むしろ)、…ではなく
396	自分(の意見)を擁護する、自己主張する	439	…のごく一部で、…の何分の一かで
397	…と常時接続している	440	どんな犠牲を払っても、どんなことがあっても
398	中心グループ[人の輪]から外れている	441	結局のところ
399	コンピュータネットワークに接続している	442	…を覚悟のうえで、…をする(ことになる)かもしれないが
400	…と…をきちんと分離する		
401	…を続ける	443	ずっと前は、昔は
402	あくびを抑える	444	…の支配を受けて(いる)、…に左右されて(いる)
403	…をかきたてる	445	突然、不意に
404	(人)に…という感じ[印象]を与える	446	(人)の見ていないところで
405	会話を始める、話し出す	447	もっといいのは
406	…を定期購読する	448	失業中で[に]
407	挫折する、妨げられる	449	最初から最後まで、全部
408	…をひと休みする、…を中断して休憩を取る	450	内心は、心の底では
409	休暇を取る、休職する	451	将来(いつか)、これから先
410	驚かせる、びっくりさせる	452	元気いっぱいで、活力に満ちて
411	…を利用[活用]する	453	少しでも慰めになるといいのだが、慰めになるかわからないが
412	…を自分の手柄にする		
413	…を引き受ける、…に挑戦する	454	失業して
414	(発言など)を誤解[勘違い]する	455	ある意味では
415	(物事)を度を超して行う、…をやりすぎる	456	…と引き換えに、…の見返りに
416	お金の話をする	457	…ということを望んで[期待して]
417	…をしかりつける、…を非難する	458	…のさなかで、…の真っただ中で
418	意表をつく	459	順に、今度は
419	(人)の気に障ることを言う[する]、(人)の神経を逆なでする	460	(念のために)言っておくが、でもね
		461	どうしても[絶対に]…ない
420	第1位である、トップになる	462	すぐに、ただちに
421	(結果的に)…になる、…に変わる	463	勤務時間中に
422	…を楽しむ、…を(奮発して)買う	464	旅行中で、出張中で
423	嫌がる、軽蔑する	465	…をしかけて、…の直前で
424	心を入れ替える、心機一転する	466	時代遅れで
425	今にも…になろうとしている、ほとんど…である	467	…の間に、…にわたって
426	目を覚まして現実を見る	468	率直に、はっきりと
427	…に干渉する、…に首を突っ込む	469	正直[率直]に言って、正直なところ
428	(比喩的に)…に脱帽する	470	苦しい経験をして、試練を受けて、鍛えられて
429	(徐々に)…をやめる、…への依存から脱する	471	一生懸命働いて
430	(人)を悩ませる、(人)の重荷になる、(人)に重くのしかかる	472	手短に言えば、早い話が
		473	今でも、今日に至るまで
431	ストレスを解消する[発散させる]	474	霊感[インスピレーション]が湧いた時
432	敢然と難局に立ち向かう	475	どんな話題でも
433	今でも存続して、生き残って、健在で	476	これ以上耐えられない、もう我慢できない
434	大流行して、ブームになって	477	もし…なら、私は大変なことになるだろう。
435	あまりにも頻繁に、大抵は	478	まったく新しい状況だ。今までとは別世界である。
436	(人)の立場になって	479	…ということは確実である
437	…と一緒に、…に加えて	480	耳を疑ってしまう。信じられない。

481	…だとしても驚かない［何の不思議もない］
482	きっと。そのとおり。
483	あなたにとってついていない日だった。
484	楽しいどころではない。とても大変だ。
485	…する時が何度もある
486	それは初耳ですね。
487	…という話がある
488	…の時代は遠い昔のことである［はるか昔に過ぎ去った］。
489	…をどう思いますか。
490	あなたがいないととても寂しくなるだろう。
491	自分の意見を言う、口を挟む
492	自ら災いを招く（ようなことをする）
493	不器用である
494	途方に暮れている、当惑している
495	もっとよい状態になる
496	びっくりしている、圧倒されている
497	…に魅了される、…に心を奪われる
498	手を焼かせる、相手を困らせる
499	幻滅を感じる
500	…に引きつけられる
501	…したくてたまらない、ぜひ…したい
502	うぬぼれが強い、利己的である
503	画面［スクリーン］にくぎづけになって（いる）
504	（人）に厳しい、（人）につらく当たる
505	苦しみもだえている
506	…する気がしない、…したくない
507	入院する
508	…に恩を受けている、…に感謝している
509	…に夢中になっている、…に熱中している
510	…のことでワクワクしている
511	（病気やけがで）寝込んでいる
512	…にとりつかれる［とらわれる］
513	…を抱えている、…をなくすことができない
514	…につながれている、…につながっている、…に束縛されている
515	…にうんざりしている、…が嫌になっている、…にほとほと疲れている
516	大金がかかる、値がとても高い
517	…にうんざりする、…が嫌い［だめ］である
518	…をすっぽかす
519	思い出すと赤面する
520	…ときずなを結ぶ、…とのきずなを深める
521	…に居を構える、…に住む
522	のんびり過ごす、リラックスする
523	（感情・印象など）を抱く［抱いて去る］
524	機嫌が悪い
525	役に立つ、重宝する
526	自分の殻から抜け出す［殻を破る］、打ち解ける
527	出会う、遭遇する
528	（人のこと）を少し大目に見る
529	…を傷つける、…をめちゃめちゃにする、…を台なしにする
530	（人）を激怒させる、（人）をひどくうんざり［いらい ら］させる
531	（人）の時間を食う
532	とても楽しいひとときを過ごす
533	恨み［わだかまり］を持つ
534	…にだまされる、…に引っ掛かる
535	…におじけづく、…が怖くなる
536	…にうんざりする、…が嫌になる
537	結婚する
538	さっさと取りかかる、ぐずぐずせずにやる
539	口が利けなくなる、口ごもる
540	（人）をいらいらさせる
541	寝る、ベッドに入る
542	承認する、賛成する
543	（人）を変な目で見る
544	…を承認する、…に賛成する
545	…に大いに役立つ
546	怠ける、ぶらぶらする、遊ぶ
547	（人）に熱を上げている、（人）に夢中である
548	思う存分楽しむ、（好き勝手にやって）浮かれる
549	消えることのない［頭から離れない］疑問がある
550	くつろぐ、リラックスする、のんびりする
551	…を熱望する、…がたまらなくほしい
552	…をとても嫌がる、…が大嫌いである
553	…に何のためらいもない
554	仲よくなる、意気投合する
555	…にふける、…を（思う存分）楽しむ
556	…と交流する、…と触れ合う、…と情報をやり取りする
557	手を貸す、救いの手を差し伸べる
558	自分に腹を立てる、悔しがる
559	とどまる、なかなか去らない
560	しくじる、失敗する、間違える
561	居眠りする
562	（お金・金額）を出す［支払う、決済する］
563	聞き耳を立てる、興味を示す
564	（人）をからかう、（人）をかつぐ

565	□ 援助 [支援] の手を差し伸べる	609	□ (現実離れした) 空想にふける、夢のようなことを考える
566	□ …を理解する、…に共感する、…を身近に感じる		
567	□ (特定の用途のために)…を取っておく[確保する]	610	□ まったくかけ離れている、別世界にいる
568	□ 小さなことでよくよしない	611	□ …が耐えられない、…が我慢ならない
569	□ 体重を落とす	612	□ たぶん…だろう
570	□ うっかり間違える、しくじる	613	□ …に勝るものはない、…がいちばんよい
571	□ …から抜け出す、…から脱却する	614	□ おや、それはないですよ。そんな、冗談じゃないですよ。
572	□ …をすぐに買う、…を素早くつかむ		
573	□ …にお金を奮発する、…に(ちょっと)ぜいたくをする	615	□ …に心から同情する
		616	□ まるで1999年のようだった。前世紀に戻ったようだった。
574	□ おしゃれをする、めかし込む		
575	□ (人)の気に入る	617	□ …にはうんざりだ、…は我慢できない
576	□ …で(何とか)生きて[暮らして]いく	618	□ 残された日々は限られている
577	□ …を極めて自然に身につける[覚える]	619	□ その意気だ。そうこなくちゃ。
578	□ (人)にぴったり[最適]である	620	□ それはだれもが経験している。
579	□ プライドを捨てる、恥を忍ぶ	621	□ 過去のもの、時代遅れのもの
580	□ 1年間の休みを取る	622	□ 悪影響
581	□ (人)をかばう、(人)の面倒をみる	623	□ 常にスイッチが入っていて常時活動している環境 [状況]
582	□ …を始める		
583	□ …を下取りに出す	624	□ 耐えねばならない嫌なこと
584	□ …を無視する、…を聞かない	625	□ …など
585	□ (結局)…になる、…であることがわかる	626	□ 年間収入、年間収益
586	□ (クレジット)カードを現金の代わりに支払いに使う	627	□ マナーの基本
		628	□ 習い覚えて好きになったもの
587	□ …すると誓う	629	□ お偉方、大物、重要人物
588	□ (結局)…を持つ羽目になる	630	□ 高額商品
589	□ それでも、それにもかかわらず	631	□ 出費に見合うだけの価値 [効果]
590	□ 一定のペースで、ゆっくりしたペースで	632	□ 債券市場と株式市場
591	□ 身近で	633	□ (悪いことの) 温床、繁殖する所
592	□ 将来、これから先	634	□ 特価、格安の値段
593	□ とても元気 [健康] で、ぴんぴんして	635	□ お金の勘定、経理の仕事
594	□ たまには	636	□ カーボンフットプリント、二酸化炭素排出量
595	□ 見せかけの…、形を変えた…、変装して		
596	□ 瞬く間に、あっという間に	637	□ 基本的なルール、鉄則
597	□ 流行して	638	□ 仕事の進路
598	□ そのうえ、おまけに	639	□ (企業の) 収益 [最終損益]、(一般に) 肝心なこと [最も重要な点]
599	□ 電光石火のごとく、目にも留まらぬ速さで		
600	□ まして…であるわけがない	640	□ 出世 [キャリア] の妨げになる出来事
601	□ 気がついてみると	641	□ お金の流出、支出
602	□ 先着順で	642	□ 仕事関係の知り合い、仕事仲間、取引相手
603	□ 普通でない、突拍子もない	643	□ ビジネスカジュアル、ビジネスの場における比較的カジュアルなドレスコード
604	□ 場違いで、(周りの人たちから)浮いて		
605	□ この世のものとは思えないほどすばらしい	644	□ 現金支出
606	□ (人)が思うには、(人)の考えでは	645	□ 現金準備(高)、手元資金
607	□ 思う存分、心ゆくまで	646	□ 変わりつつある価値観
608	□ 一体全何が[を]	647	□ その言語を使う能力

#	語義
648	全社的な方針
649	競争上の優位、他に負けない競争力
650	うたた寝する、一眠りする
651	共同消費
652	信用 [取り込み] 詐欺師
653	(電子機器などとの) 常時接続性
654	建設的な批判
655	消費者信頼感、消費者マインド、消費意欲
656	周囲をことごとくコントロールしようとする人、仕切りたがる人
657	アメリカの経済界 [ビジネス界]
658	臨時 (雇用の) 労働者、派遣社員
659	角部屋、(通常) 管理職のオフィス
660	生活費
661	重大な試練
662	客足、客数、客の出入り
663	客にとってよい [便利な] 環境
664	暗い見通し、お先真っ暗な展望
665	きつい仕事、負担の大きい仕事
666	パーティションで仕切られた小部屋が並ぶオフィスフロア
667	文化への理解
668	人口統計上 [人口動態] の変化
669	デジタルリテラシー
670	負のスパイラル、悪循環
671	原動力、駆動力
672	早起きの人
673	(比喩的に) 格好の餌食、簡単にだまされる人
674	デジタル世代の人
675	1ドルショップ
676	経済情勢
677	景気の後退、経済の悪化
678	景気回復、経済復興
679	…と同等のもの、…に相当するもの
680	団体精神、団結心
681	社会基盤、社会構造、社会の組織
682	実際に顔を合わせてのやり取り
683	景気の二番底
684	絶滅危惧種リスト、消滅の危機にあるもののリスト
685	仕事仲間、同僚
686	金融破綻
687	場違いな人、陸へ上がった河童(おか)(かっぱ)
688	考えるべきこと、考えさせられること
689	大不況
690	厳格な規則 [ルール]
691	(よい面に対する) 裏の面、もう一つの面
692	フォーチュン500社のリストに載る会社
693	大勢の…、多数の…
694	家事
695	だれでも知っている名前、とてもよく知られている人 [物]
696	基本原則、基本ルール
697	人的資本、人材
698	人事管理 (部門)、人事 (部)
699	ガイド付きの見学、案内されて回ること
700	直感、何となく感じること
701	衝動買い
702	在庫費用
703	求職者
704	業務遂行能力、仕事ぶり
705	求職者
706	人件費
707	まさかの時のための保険
708	象牙の塔
709	労働人口、労働力、労働者
710	品がないこと、マナーに欠けること
711	寿命
712	人生を変えるような経験
713	ぐったりした魚 (のように力が入っていないこと)
714	長距離便
715	大物、大企業
716	(国際) 共通語
717	アメリカの中間層 [中産階級]
718	年齢の中央値、(大まかな) 平均年齢
719	相互尊重
720	将来への蓄え
721	地域、場所
722	新人、新入り
723	なくてもいい [困らない] もの
724	否定的な反応 [フィードバック]、批判的な意見
725	笑い事ではない重要なこと
726	会社内の権力闘争 [駆け引き]、職場での人間関係
727	けちけちタイプ (の人)
728	人づきあいの技術、人との接し方
729	業績評価、勤務評定
730	大嫌いなもの、しゃくにさわること
731	正の強化、よいところを褒めて伸ばすこと
732	優先事項リスト
733	まったく気にならないこと

734	称賛［激励］（のことば）	778	…についての助言、…のヒント［秘訣］
735	…のよい点と悪い点、…の長所と短所	779	やるべきことのリスト
736	…の見込み、…の可能性	780	実績、業績
737	充実した時間	781	業界紙、業界雑誌
738	理解［のみ込み］の早い人	782	（何度も試されて）信頼できる戦術
739	経済の回復	783	2方面からの方法［アプローチ］
740	記念すべき日、祝祭日	784	根本的な問題
741	出張が多い人	785	両者の協力が必要な状況、相互的な関係
742	ねずみ講	786	口頭報告
743	ダイヤル式の電話	787	実行可能な選択肢
744	手本［規範］とされる人	788	悪循環
745	経験則、（経験から）一般的にいえること	789	解雇通知
746	物事のやり方、行動規範	790	（現実に対して）目を覚まさせる出来事、警鐘、注意を促すもの
747	地の塩		
748	経験豊富な専門家［プロ］	791	たやすいこと、朝飯前のこと
749	第2の天性、（深くしみこんだ）習慣	792	ワーキングディナー（ビジネス会議を兼ねた夕食）
750	株主総会	793	何々をすればよかったのに、何々ができたのに、何々をすべきだったのに
751	副作用		
752	目的意識	794	職業、（社会的な）階層
753	サーバント・リーダー	795	あなたが言いたいこと、あなたの考え［気持ち］
754	買い物をしまくること	796	神童、天才的な技能を持つ若者
755	（今の）時代の流れの象徴、今日［現代］の風潮	797	双方が得をするシナリオ［筋書き］
756	単身世帯	798	（充実した設備などを含めて提供される）快適な職場環境
757	停滞した経済［景気］、景気停滞		
758	雑談、世間話	799	購入希望者
759	入会金	800	私（自身）
760	のるかそるか、一か八か、成功しようと失敗しようと		
761	急増する費用、高騰する費用		
762	社会的評価、社会的なイメージ		
763	…ほど、およそ…		
764	…の多発［頻発］、相次ぐ…		
765	…の引き締め、…への（経済的）圧迫		
766	現状		
767	口を滑らすこと、失言、言い間違い		
768	正直な人、まじめ人間		
769	…にうるさい人		
770	株式市場の暴落		
771	店の自社ブランド製品		
772	標準以下の出来栄え［成績、業績］		
773	難しい［無理な］注文、手に負えない仕事		
774	新しい標準、新たな基準		
775	（我慢・忍耐の）限度を超えさせるもの［最後の付加］		
776	タウンミーティング、社員［町民］集会、対話集会		
777	取るべき道、すべきこと		

Author

杉田 敏 すぎた・さとし

1944年、東京・神田生まれ。66年青山学院大学経済学部卒業後、
「朝日イブニングニュース」記者となり、71年オハイオ州立大学ジャーナリズム学部に留学、修士号取得。
「シンシナチ・ポスト」記者から、73年PR会社バーソン・マーステラのニューヨーク本社へ入社。
日本ゼネラル・エレクトリック取締役副社長、
電通バーソン・マーステラ取締役執行副社長などを歴任し、
現在、プラップジャパン代表取締役社長。
1987年からNHKラジオ「やさしいビジネス英語」、「実践ビジネス英語」の講師。
著書に『NHKラジオ 実践ビジネス英語 杉田敏のグローバル時代の英語』(NHK出版)、
『人を動かす! 話す技術』(PHP新書)など多数。

Staff

装丁・本文デザイン
　水野哲也(Watermark)
カバー・表紙・大扉イラストレーション
　©Neil Webb/Ikon Images/amanaimages
執筆協力
　Lisa Vogt
英文校正
　Heather Howard
校正
　鶴田万里子、円水社
編集協力
　佐々木玲子、山本映子、阿部貴則
DTP
　ドルフィン